放下就能过得更轻松

刘艺绫 ◎ 编著

当代世界出版社

责任编辑：梁晓朝　任　远
封面设计：回归线视觉传达

图书在版编目（CIP）数据

放下，就能过得更轻松/刘艺绫编著．—北京：
当代世界出版社，2011.6
ISBN 978-7-5090-0742-6

Ⅰ.①放…　Ⅱ.①刘…　Ⅲ.①佛教－人生哲学－通俗读物　Ⅳ.①B948-49

中国版本图书馆 CIP 数据核字（2011）第 089796 号

出版发行：	当代世界出版社
地　　址：	北京市复兴路 4 号（100860）
网　　址：	http://www.worldpress.com.cn
编务电话：	（010）83907332
发行电话：	（010）83908410（传真）
	（010）83908408
	（010）83908409
经　　销：	全国新华书店
印　　刷：	北京建泰印刷有限公司
开　　本：	787 毫米×1092 毫米　1/32
印　　张：	8
字　　数：	173 千字
版　　次：	2011 年 9 月第 1 版
印　　次：	2011 年 9 月第 1 次
书　　号：	ISBN 978-7-5090-0742-6
定　　价：	28.00 元

如发现印装质量问题，请与承印厂联系调换。
版权所有，翻印必究，未经许可，不得转载！

前　言

佛学博大精深，是提升人生的大智慧。佛学中所讲的智慧，除了指聪明、明事理之外，主要是指灭除人生的烦恼和欲望，通过修行而达到人生的解脱与圆满的方式方法。

有个人感到非常苦恼，他背上行囊去找佛陀，请求佛陀为他灭除苦难。佛陀听完他的述说后，说道："真正能够解脱你的，只能是你自己。"那人不解地问道："可是，我心中充满了苦恼和困惑啊！"佛陀慈悲地解释道："是谁给你心里放进了苦恼和困惑呢？"这个人沉思良久，没有说话。佛陀继续开示："是谁放进去的，就让谁拿出来吧。"这个苦恼的人终于有所领悟。

原来，祛除苦恼和困惑的智慧在于：自己把苦恼和困惑拿出来，即放下。

小和尚对师父说："我不喜欢二师兄，他吃饭的样子很难看，而且吃的又多。"师父说："你二师兄的优点你怎么没发现？想想你自己是不是有缺点？"小和尚想了想说："他的确是有很多优点，我也的确是有缺点，但我就是不喜欢他，看着他别扭。

我该怎么办？"师父说："试着接受他。"小和尚若有所思地点了点头。过了没多久，小和尚高兴地对师父说："我和二师兄成了好朋友，他真是个不错的人！"

原来，很多时候，我们看人是带着偏见的，当我们试着去接受我们不喜欢的人的时候，我们会发现：与人相处其实很简单。这是与人相处的智慧。

从前，有两个小和尚为了一件小事吵得不可开交，谁也说服不了谁，谁也不肯让谁。第一个小和尚怒气冲冲地去找师父评理，师父安静地听完他的话之后，郑重其事地对他说："你是对的！"于是，第一个小和尚得意洋洋地跑回去向第二个小和尚炫耀。第二个小和尚不服气，也来找师父评理，师父在听完他的叙述之后，也郑重其事地对他说："你是对的！"等第二个小和尚满心欢喜地离开后，一直跟在师父身边的第三个小和尚终于忍不住了，他不解地问道："师父，您平时不是教我们要诚实，不可说违背良心的谎话吗？可是您刚才却对两位师兄都说他们是对的，这岂不是违背了您平日的教导吗？"师父听完之后，不但不生气，反而微笑地对他说："你是对的！"第三个小和尚这才恍然大悟，立刻拜谢师父的教诲。

原来，说话的智慧就在于：不伤害任何一方。

一位武士手里握着一条鱼来到一休禅师的房间。他说道："我们打个赌，禅师说说我手中的这条鱼是死是活？"一休知道如果他说是死的，武士肯定会松开手；而如果他说是活的，那武士一定会暗中使劲把鱼捏死。于是，一休说："是死的。"武士马上把手松开,笑道:"哈哈,禅师你输了,你看这鱼是活的。"一休淡淡一笑,说道:"是的,我输了。"一休虽然输了,但是他却赢得了一条鱼的生存。

原来,行善也是需要智慧的。行善的智慧在于慈悲之心的计谋。

弟子问佛祖:"您所说的极乐世界,我看不见,怎么能够相信呢?"

佛祖把弟子带进一间漆黑的屋子,告诉他:"墙角有一把锤子。"

弟子不管是瞪大眼睛,还是眯成小眼,仍然伸手不见五指,只好说:"我看不见。"

佛祖点燃了一支蜡烛,墙角果然有一把锤子。

佛祖慈祥地说:"你看不见的,就不存在吗?"

原来,辩论的智慧就在于:能够以事喻理,则可不辩而胜。

佛学中有不胜枚举的充满智慧的故事,这些故事读起来,或让人警醒,或给人以启迪。本书从觉悟、放下、欲望、改变、行善、平常心、随缘等七个方面,对佛家智慧进行了全方位的解读。常常感悟佛学中的智慧故事,不但能对佛学有所了解,更能增长智慧——人生的大智慧。

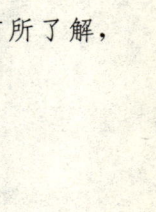

目　　录

第一篇　生命中最重要的工作，是提早觉悟

　　佛说，生命中最重要的工作，是提早觉悟。觉悟是指通过修行而得到的大智慧——正而不邪，净而不染，觉而不迷。觉悟，才能不迷不惑，才能事事明了，才能得道成佛。

帮别人解脱，是解脱自己的最好途径	/3
找回真实的自己最重要	/5
只有把量放大，福才会大	/7
心生智慧，无处不是乐土	/9
懂得运用智慧，是一个人最大的本领	/11
该往回走的时候，就要往回走	/13
做小事同样也是修行	/15
虽说不知者无罪，但不知者受害最大	/17
要懂得哪些事情是最重要的	/19
事物都有两个方面，不要只看一个方面	/21
不要一味地遵循一种模式	/23
做事全心全意地投入，才能"心手合一"	/25
有些事是认不得"真"的	/27
保持谦虚心态，不要有"满了"的想法	/29

明辨是非即是智慧 …………………………………… /31
佛祖与众生并没有什么区别 …………………………… /33
只有自己才是自己的佛 ………………………………… /35

第二篇　面对"无奈"与"不得不"，放下才是明智之举

　　佛说，面对"无奈"与"不得不"，放下才是明智之举。人生中有太多的"无奈"与"不得不"，对于已发生过的事情和无法改变的事情，唯有接受，唯有放下，才能活得轻松与自在。这是人生中的大智慧。

放下才能自由自在 ………………………………………… /41
舍弃一切尘想与贪欲 ……………………………………… /43
活得累是因为背负的东西太多 …………………………… /45
想得到的越多，往往失去的就越多 ……………………… /47
学会放下，生命就不会沉重 ……………………………… /49
忘记负担的存在，就会变得轻松 ………………………… /51
放不下是因为心中有杂念 ………………………………… /53
将一天中最重要的事做完，就可以放下了 ……………… /55
抛开让我们受伤害的碎片 ………………………………… /57
心内的烦恼是可怕的魔军 ………………………………… /59
对于已失去了的东西，没必要再留恋了 ………………… /62
既然已经失去，就让它失去吧 …………………………… /64
如果追求错了，就要及时修正 …………………………… /66
放下屠刀，立地成佛 ……………………………………… /69

第三篇　人之所以痛苦，是因为欲望太多

　　佛说，人之所以痛苦，是因为欲望太多。人不能没有欲望，但要去除那些不该有的欲望——不该有的欲望让人深陷痛苦，尤其是贪欲。有求皆苦，无欲则刚。一个人懂得去除不该有的欲望，是人生中的大智慧。

不知足，不会有快乐 ………………………………… /73
欲望如枝杈，需要经常修剪 ……………………… /75
一味地贪图享乐，最终会被享乐所吞噬 ………… /78
贪婪会让人失去终生的自由 ……………………… /80
一个人贪欲越大，他就离地狱越近 ……………… /82
容易得到的东西，常常伴随着灾难 ……………… /85
欲望太多则会一事无成 …………………………… /87
凡事要有度，一切要适可而止 …………………… /89
戒除贪嗔痴恋的欲望，才能获得大自在 ………… /91
没有必要和别人比较 ……………………………… /94
少一分所求，就会多一分快乐 …………………… /96
千休万休总不如一休 ……………………………… /98
不属于你的东西，怎么都得不到 ………………… /100
总想成佛反而成不了佛 …………………………… /102
只要心中有禅，天地之间皆为禅院 ……………… /104

第四篇　改变别人，不如改变自己

　　佛说，改变别人，不如改变自己。改变别人很难，还会招惹是非，所以不如改变自己。改变自己很容易，有时只需要转变一下观念即可。对于环境而言，也是如此。如果不能改变环境，不如改变自己，以适应环境。改变自己，是一种变通的大智慧。

不要把自己变成自己的囚徒 …………………………… /109
年少不努力，到老会吃苦 ……………………………… /111
与其无聊地争论，不如去做点实事 …………………… /113
挥挥手，凡事不过一念间 ……………………………… /115
心中有佛光者，方为至聪至慧者 ……………………… /117
打破思维定势，才能有所突破 ………………………… /119
"无"就是没有，没有则是无法战胜的 ………………… /121
生活中处处有禅法 ……………………………………… /123
成功来自于忍耐一刀一锉的雕凿 ……………………… /125
有些事是急不得的，需要耐心等待 …………………… /127
忍是化解纠纷、感化他人的大智慧 …………………… /129
做什么样的人，全由自己来选择 ……………………… /131
求人不如求己，靠自己度自己 ………………………… /134
最优秀的人就是你自己 ………………………………… /136
品德上的破绽需要加强修养来修补 …………………… /138
自己的命运是由自己掌握的 …………………………… /140

第五篇　行善是对自己良心的交代

佛说，行善是对自己良心的交代。行善能富足心灵，行善能积福德，行善即是在修行，所以行善也是人生的大智慧。诸恶莫作，众善奉行。善有善报，恶有恶报。一个人若能常常发善心做善事，福报自然来。

有慈悲之心的人最有魅力	/145
爱心才是真正的无价之宝	/147
种下善因，就会收获善果	/149
帮助别人，有时只需要一点智慧	/153
施舍比接受更富有	/155
助人一次，胜似诵经十年	/158
既然给予了，就别求什么回报	/160
行善得乐，为恶得苦	/162
今生无论做什么事，都会对来生造成影响	/164
心怀善念才是自救之道	/167
做恶事终会恶及自身	/169
事事锱铢必较，是占不到便宜的	/171
只知贪取不知布施是畸形	/174

第六篇　保持平常心，一切皆如愿

佛说，保持平常心，一切皆如愿。平常心即是平常态，是人生最难得的状态。一个人只有保持平常心，才能在大起大落时不大喜不大悲，才能在平常的日子里保持愉悦的心情。所以，保持平常心，也是人生中的大智慧。

心无杂念才能拥有平常心 …………………………………… /179
保持平常心是悟道之本 ……………………………………… /181
带着禅心去做事，会有大悟大得 …………………………… /183
放松自己，才能把事做得更好 ……………………………… /185
真正的信仰，不是非要顶礼膜拜 …………………………… /187
钱财乃身外之物，生带不来死带不走 ……………………… /189
魔由心生，心魔是自己制造的 ……………………………… /191
自己捆绑住了自己 …………………………………………… /193
有时保持沉默也是一种智慧 ………………………………… /195
不要活在别人的眼睛里，要活在自己的世界里 …………… /198
与其羡慕别人，不如活出真正的自己来 …………………… /200
当行脚之时行脚，当隐居之时隐居 ………………………… /202
命里有时终须有，命里无时莫强求 ………………………… /204

第七篇　随缘而行，随遇而安

佛说，随缘而行，随遇而安。每个人所见所遇的事情都早有安排，一切都是缘。顺其自然，把握当下，即为随缘而行。不为外界的环境所束缚，处处都可为安身之所，即为随遇而安。随缘而行，随遇而安，才能获得人生的圆满，才能获得大自在。

遇缘则随行，遇居则随安 …………………………………… /211
人生无常，随缘即是人生 …………………………………… /213

不提过去，不问将来 …………………………… /216
随缘来去，活在当下 …………………………… /218
只要心中有佛，你就是佛 ……………………… /220
只要佛心在，处处皆是寺庙 …………………… /222
尘缘难了，难了尘缘 …………………………… /224
前世500次的回眸，换得今生一次的擦肩而过 ……… /227
不要追悔过去，也不要奢求未来 ……………… /231
人与人之间，是聚是散都应随缘 ……………… /234
失恋只是失去了一个人，并没有失去爱 ……… /236
珍惜现在的感情才是真爱 ……………………… /238

第一篇
生命中最重要的工作，是提早觉悟

佛说，生命中最重要的工作，是提早觉悟。觉悟是指通过修行而得到的大智慧——正而不邪，净而不染，觉而不迷。觉悟，才能不迷不惑，才能事事明了，才能得道成佛。

帮别人解脱，是解脱自己的最好途径

从前，有一个年轻的和尚，在化缘回来的路上不幸被两个蒙面人绑架了。他的双手被死死地捆在身后，双脚也被绑得牢牢的，站都无法站起来。后来，眼也被蒙上了，嘴也被堵住了。最后，他被关进了一间湿漉漉的屋子里。

他感到自己被扔在了一个墙角处，他又气愤又害怕，又感到万分无奈，甚至感到一种阴森森的死亡的气息。就在他挣扎了一阵，终于筋疲力尽、彻底绝望时，他听到身边不远处也有挣扎、喘息的声音。于是，他一点点地艰难地朝那个有声音的方向挪动。

当他终于接触到另一个同样被绑架的人时，他感到了一丝生的希望。他凭感觉马上挪动到那人的背后，与那人背靠背，然后开始用自己尚能活动的手指寻找那个人手腕上的绳头。

经过一番努力，他真的解开了那人手腕上的绳子。那人的双手解脱之后，马上扯掉了他俩的蒙眼条，接着又把他的双手解开。二人接着解开了各自的双脚。更令二人惊喜和感慨的是，他们二人竟是同一座寺院里的和尚。

二人配合默契地打开了房间的后窗，并先后从后窗里爬出去，获得了自由，跑回了寺院。他俩自救了。

当二人惊魂未定地去向老方丈述说他们的遭遇时，老方丈微笑着，又不无神秘地说："你们二人在危难之际悟出了解脱的方法，祝贺你们……明天，就由你们二人去帮助另外两个师弟开悟吧。"说完，方丈把两个头套和四根绳子交给了二人。

感悟

有时，我们会陷入困境中无法得到解脱，这个时候我们常常希望得到别人的帮助以获得解脱。其实，在很多时候，正是我们帮助别人解脱了困境，才能使自己得到解脱。这正如当我们把别人脚前的绊脚石搬开时，也正好给自己铺平了道路。

找回真实的自己最重要

有一天,释尊在寂静的森林中坐禅。日影稀疏地斜晒进林中,除了微风拂过树梢的轻响外,没有其他声音,有时连风都沉寂了。

真是静极了。突然,他听到远方传来隐约的嘈杂声,声音越逼越近,终于可以听出是一对男女的争吵之声。没有多久,一名少女惶急地跑过来,往更深的林中逃去,一点也没发现释尊坐在松阴下。

接着又来了一名青年,他看见释尊了,气急败坏地跑到释尊面前问道:"你有没有看见一个女子经过这里?她偷了我的钱!"

树影投射在青年脸上,形成明暗不定的阴影。

释尊以安详的语气问他:"找逃走的女人重要,还是找自己重要?"

青年听此一问,愣住了。

释尊深深地注视着青年的眼睛,再次问道:"找逃走的女人重要,还是找自己重要?"

刹那间,青年如梦初醒,他发现"迷失自己去追逐物欲"

是多么愚蠢的事啊！

青年低下头来，脸上充满平静之色。

感悟

很多人迷失在这光怪陆离的物欲世界里，当厌倦了想要退出时，却发现早已找不到了来时的路。一旦在追逐物欲中迷失了自己，想要抽身出来就不容易了。少些物欲，自会找回自由自在的自己。

只有把量放大，福才会大

一位老和尚身边有一个总是抱怨的弟子。

有一天，他派这个弟子去买盐。

弟子回来后，老和尚吩咐这个不快活的年轻人抓一把盐放在一杯水中，然后喝了。

"味道如何？"老和尚问。

"苦。"弟子龇牙咧嘴地吐了口唾沫。

老和尚又吩咐年轻人把剩下的盐都放进附近的湖里。

弟子于是把盐倒进湖里，老和尚说："再尝尝湖水。"

年轻人捧了一口湖水尝了尝。

老和尚问道："什么味道？"

"很新鲜。"弟子答道。

"你尝到咸味了吗？"老和尚问。

"没有。"年轻人答道。

这时，老和尚对弟子说道："生命中的痛苦就像是盐；不多，也不少。我们在生活中遇到的痛苦就这么多。但是，我们体验到的痛苦却取决于它盛放在多大的容器中，所以，当你处于痛苦时，你只要开阔你的胸怀，记住：把量放大福就大。"

感悟

　　做人要心胸开阔，凡事不要计较，不愉快的事要尽快忘掉，脑子里尽量多留些美好的记忆，这是一种胸怀，更是一种境界。这样做也许很难，但也要努力去做。因为，在人生的路上，只有开阔自己的胸怀，天地才会宽阔；只有把量放大，福才会大。

心生智慧，无处不是乐土

慧能禅师见弟子终日打坐，有一次便问道："你为什么终日打坐呢？"

弟子回答："我参禅啊！"

慧能禅师说："参禅与打坐完全不是一回事。"

弟子回答："可是，你不是经常教导我们要安住容易迷失的心，清净地观察一切，终日坐禅不可躺卧吗？"

慧能禅师说："终日打坐，这不是禅，而是在折磨自己的身体。"

弟子糊涂了。

慧能禅师紧接着说道："禅定，不是整个人像木头、石头一样的死坐着，而是一种身心极度宁静、清明的状态。离开外界一切物相，是禅；内心安宁不散乱，是定。如果执著人间的物相，内心即散乱；如果离开一切物相的诱惑及困扰，心灵就不会散乱了。我们的心灵本来很清净安宁，只因为被外界物相迷惑困扰，如同明镜蒙尘，就活得愚昧迷失了。"

弟子躬身问道："那么怎么样才能去除妄念，不被世间之事所迷惑呢？"

慧能禅师说道："思量人间的善事，心就是天堂；思量人间的邪恶，就化为地狱。心生毒害，人就沦为畜牲；心生慈悲，处处就是菩萨；心生智慧，无处不是乐土；心里愚痴，处处都是苦海了。"

弟子终于有所醒悟。

感悟

一个人能达到心静的境界，就不会迷茫，可很少有人能做到，因为这世上有太多的诱惑和烦恼。虽然我们不可能完全抛开世间之事，但有一点是要尽力做到的，那就是不要被外界环境所干扰——这是一种大智慧。

懂得运用智慧，是一个人最大的本领

小和尚揉着惺忪睡眼出了门，老和尚正在庭院里踱着步子。这时，太阳已经从庙墙那头升起来了，小和尚气得拍一下脑袋。

老和尚说，夏日早早起，在清新凉爽的田园里走一走，仿佛仙气附身，美妙轻松。小和尚也想美妙美妙，可他总是睡不醒。

"哈，又赖床了！"老和尚一边活动腿脚，一边取笑小和尚，"别怪我不叫你，有本事自己起来。指望我叫，人家会说你没出息的。"

看着老和尚神清气爽的样子，小和尚心里想：哼，得想个法子，要不然，他天天笑话我。

第二天清晨，老和尚照例早早醒来，看看小和尚，正睡得香呢。老和尚偷偷笑了，他悄悄伸脚穿鞋要下床。咦，奇怪！他的两只脚四处探着，总也够不着鞋，低头看看，鞋不见了！

"小和尚！"老和尚急得叫起来，"我的鞋哪儿去了？"

小和尚迷迷糊糊睁开眼，听老和尚在叫，他跳下床撒腿往外跑："噢！我早起了！"

老和尚没有办法，只好开箱取出一双新鞋穿上。等他出了屋子，小和尚正一本正经地伸胳膊踢腿。

"我是不是一身仙气？"小和尚问，见老和尚不作声，他又说："我可是自己起来的啊！"

老和尚还是不作声，小和尚心里有点发虚："当然，你的鞋给我帮了点忙。不过，你的鞋也该洗洗了，你得谢谢我！"

老和尚扭头看看，真的，他那双找不着的鞋，洗得干干净净，晾在门廊里。他笑着连连摇头："你这小和尚，鬼点子不少啊！"

小和尚嘻嘻地笑着说："平时你不总是教导我要靠智慧解决问题吗？这不是鬼点子，是智慧，是一种本领。"

老和尚满意地笑了。

感悟

从某种意义上说，真正的本领不是一门手艺，而是智慧。如果一个人有智慧，并懂得运用智慧，那么，很多问题都会迎刃而解。

该往回走的时候，就要往回走

有人说：沙漠的中心有宝藏。有个人想得到宝藏，就装备整齐地进了沙漠。可是宝藏没找到，所带的食物和水却吃完了喝尽了。他再也没有力气站起来……

他一个人孤单地躺在沙漠里，静静地等待着死亡的降临。他想，哪怕只有一点食物能帮助他走出沙漠也好啊。夜晚，他感觉自己快要死了，就做了最后的祈祷：菩萨啊，请给我一些帮助吧。

菩萨真的出现了，问他需要什么。他急忙回答说："食物和水，哪怕是很少的一份也行。"菩萨送给他一些面包和牛奶，就消失了。

于是，情况发生了很大的变化。他精神百倍地站在那儿，他不断地责怪自己：为什么不向神多要一点东西？他带上剩下的食物，继续向沙漠深处走去。

这一次他找到了宝藏。就在他准备把宝藏尽可能多一些地带回去时，却发现食物所剩无几了。为了减少体力消耗，他不得不空手往回走。

但是最后，他的食物和水没有了，他还是躺倒在那儿。死亡之前，菩萨又出现了，问他需要什么。他喃喃地答道："食物和水……请给我更多的食物和水……"

菩萨摇了摇头，叹息道："你本来是可以平安地回去的，但你没有往回走……"

感悟

现实生活中，有的人永远也不懂得知足，他们总是在满足了一个欲望的同时，又想得到更多，拥有更多，欲望也就会继续地膨胀。这永无止境的贪婪，最终会使人迷失回来的路，并会彻底毁灭一个人。

做小事同样也是修行

峨山禅师是白隐禅师晚年的得意门生,他不仅禅理领悟得非常深刻,而且回答别人的问题时能够随机应变,有白隐禅师的风范。

随着岁月的流逝,峨山禅师也老了,但他还是经常亲自做自己力所能及的事情。

有一天他在庭院里整理自己的被单,累得气喘吁吁,一个信徒偶然看到了,奇怪地问:"这不是大名鼎鼎的峨山禅师吗?您德高望重,有那么多的弟子,难道这些小事还要您亲自动手吗?"

峨山禅师微笑着反问道:"我年纪大了,老年人不做点儿小事,还能做什么呢?"

信徒说道:"老年人可以修行、打坐呀!那要轻松多了。"

峨山禅师露出不满的神色,反问道:"你以为仅仅只是念经、打坐才叫修行吗?那佛陀为弟子穿针,为弟子煎药,又算什么呢?做小事也是修行啊!"

感悟

世间的大事无不是由小事或积或延或变而来的，没有人可以一步登天。一个人如果能够认真地对待每一件事，把平凡的小事做得很好，那么他的人生之路就会越来越广，成就大事的愿望就会指日可待。

虽说不知者无罪，但不知者受害最大

释迦牟尼说法的时候和蔼可亲，经常说一些弟子们熟悉、爱听的事物。尽管他是在说教，但并不枯燥乏味，也不板着脸教训人。为了使众人能够理解，他的说教总是深入浅出，用大量的比喻娓娓道来，弟子们都觉得非常亲切。

一天，释迦牟尼说法后，故意留出一些时间让弟子们提问。有个弟子向他请教"不知者无罪"是不是真的。

对于这个问题，释迦牟尼并没有直接回答，而是作了一个比喻："现在有一把火钳，它被烧得火烫，但肉眼却看不出来。如果要你去拿这把火钳，是知道它烧得火烫受害严重，还是不知道它烧得火烫受害严重？"

弟子想了想回答："应该是不知道它烧得火烫受害严重。因为不知道才没有一点心理准备，被烫的时候就来不及采取防范措施。"

释迦牟尼和蔼地说道："是啊！如果知道火钳烧得火烫而去拿，就会心惊胆颤，深怀戒心，不敢丝毫大意，拿的时候不会用力去抓。如果不知道火钳烧得火烫而去拿，就会用力去抓。可见并不是不知者无罪，而是不知者受害最大。人类就是因为不明真理，所以才会在苦海孽浪里翻腾沉沦。"

感悟

不知就是不明事理，不明事理就会在苦闷中迷失自我，就会做错事。所以说，不知者受害最大。为了不做一个受害者，我们应该做一个知者——有智慧的人。

要懂得哪些事情是最重要的

一天，老方丈在给弟子们讲完佛法后，他拿出了一个大玻璃瓶，又先后拿出两个布袋，打开一看一个装着核桃，另一个装着莲子。

然后他对弟子们说："我今天给你们做一个实验，我还是在年轻时看到过这个实验的。实验的结果我至今仍然常常想起，并常用这个结果激励自己，我希望你们每个人也能像我一样记住这个实验，记住这一实验结果。"老方丈把核桃倒进玻璃瓶里，直到一个也塞不进去为止。

这时候他问："现在瓶子满了吗？"

有一位弟子回答说："如果说装核桃的话，它已经装满了。"

老方丈又拿出莲子，用莲子填充装了核桃后还留下的空间。然后，老方丈笑问道："你们能从这个实验里概括出什么道理吗？"

弟子们开始踊跃发言，并展开争论。有人说，这说明了世界上没有绝对的满。有人说，这说明了时间像海绵里的水，只要想挤，总可以挤出来的。还有人说这说明了空间可以无限细分。

最后，老方丈说："你们说得都有一定的真理成分，不过还没有说出我想让你们领会的道理来。你们是否可以反过来逆向思考一下呢？如果我先装的是莲子而不是核桃，那么莲子装满后还能再装下核桃吗？你们想想看，人生有时候是否也是如此，我们经常被许多无谓的小事所困扰，看着人生沉埋于这些琐碎的事情之中，到头来，却往往忽略了去做那些真正对自己重要的事情。结果，白白浪费了许多宝贵的时间。所以，我希望大家能够永远记住今天的实验，记住这个实验的结果，如果莲子先塞满了，就装不下核桃了。"

感悟

人的生命短暂，时间有限，我们必须清晰地认识到哪些事情是最重要的，哪些事情是最值得做的。这样我们才不会拣了芝麻，却丢了西瓜；这样人生才不会那么庸俗，那么碌碌无为，那么难以选择。

事物都有两个方面，不要只看一个方面

在一座寺庙里，住着一位老和尚和他的两个徒弟。

一次，两个徒弟看到屋里飞进一只蜜蜂，蜜蜂努力地朝窗外飞，却被窗上厚厚的玻璃挡住了，一次次徒劳地摔下来。

徒弟甲说："这只蜜蜂真是愚蠢，既然知道这个方法行不通，为什么还要做努力呢？它这样做，即使飞一辈子也不可能成功。"他从中得到领悟：世上有些事不能强求，该放手时就放手。

徒弟乙说："这只蜜蜂真顽强，它那么勇敢，失败了也不屈服。"他也从中得到启示：做人就应该像蜜蜂那样，锲而不舍，败而不馁，百折不回。

于是，两个争执起来，谁也说服不了谁。最后，他们只好去找师父来评理："我们的观点，究竟谁的才是正确的呢？"

老和尚说："你们谁都没错。"

两个徒弟不解，心想，怎么可能两种观点都对呢？难道师父是故意做好人，不让我们再争执了？老和尚早就看出了他们的心思，他微笑着，拿出一块大饼，吩咐他们把大饼居中切开。徒弟二人照做了。

老和尚问：“两个半块饼，你说哪半块好，哪半块不好？”他们回答不出。

老和尚说：“你们总是看到相异的地方，而没有看到相同的地方，形式上的差异掩盖了本质的相同。”

感悟

事物都有两个方面，看问题不要只看一个方面。许多表面看似相同的，可能是相殊甚远；而表面相殊的，倒可能有质的相同。生活中的不少错误，有时就是因为看不到这一点而产生的。

不要一味地遵循一种模式

在日本有两个寺庙,其中一个寺庙的僧人如果去菜场买菜,一定要经过另一个寺庙。而每当此时,这个寺庙的僧人总是要出来与之"斗法"。一天早上,一个小和尚去菜场买菜,刚路过这个寺庙门前,就见该寺庙有个小和尚出来,拦住了去路。

"你到哪里去?"小和尚问道。

"脚到哪里,我到哪里!"买菜的小和尚回答道。

问话的小和尚无话可说,败下阵来,回来请教自己的师父。

师父面授心机,说:"明天继续问他,他如果还是这样回答,那你就问:如果没有脚,你到哪里去?他一定就回答不出了!"

第二天,小和尚早早地就等在寺庙门前,以为自己这一次一定胜券在握了!一看见昨天那个买菜的小和尚提着菜篮走过来,就急不可耐地冲上前去问:"你到哪里去?"

"风到哪里,我到哪里!"小和尚不慌不忙地回答道。问话的小和尚再次语塞,不知如何回答,只得再次回去请教师父。

这次师父有点不高兴地说:"你怎么这么笨啊!你就问他:如果没有风,你到哪里去?他一定答不出来了!"师父进一步补充说:"如果下次他再随便编个名目,比如,水到哪里,我到哪里。那你就问他:如果没有水,你到哪里去?他一定答不出了!"

听了师父这番话,小和尚高兴极了!他心里想,自己明天一定能赢。看你还能变出什么花样来!

于是第二天,小和尚又早早地等在寺庙门前,一看见那个买菜的小和尚提着菜篮走过来,就再次急不可耐地冲上前去问道:"你到哪里去?"

"我到菜场去。"小和尚不慌不忙地回答。

问话的小和尚一听,又愣在了那里。

感悟

事物总是在不断地变化着的,生活中的问题没有现成的答案,也没有固定的模式可循。所以,遇事时要独立思考、随机应变,才会掌握主动权,甚至变被动为主动。

做事全心全意地投入，才能"心手合一"

有一位名叫大年的学僧，喜好于佛像的雕刻，但由于缺乏良好的指导，雕刻出来的佛像总缺乏佛性。于是，大年专程去拜访无德禅师，希望能得到无德禅师的指导。

大年到法堂时，无德禅师便放一块宝石在他手中，命他捏紧，然后天南地北地跟他闲聊，除了雕刻方面的事外，其他一切都谈，约一个小时后，无德禅师拿回宝石，命大年回禅堂用功。

这样连续过了三个月，无德禅师始终没有谈到雕刻的技术，甚至连为什么放一块宝石在他手中也没说。终于，大年有点不耐烦，但也不敢询问无德禅师。

一天，无德禅师仍照往常一样，又拿一块宝石放在他手里，准备聊天。大年一接触那块宝石，便觉得不对劲，立刻脱口而出说道："师父，您今天给我的不是宝石。"

无德禅师问道："那是什么呢？"

大年看也不看，就说道："那只是一块普通的石块而已。"

无德禅师欣慰地笑道："对了，雕刻是要靠'心手合一'的功夫，现在你的第一课算是及格了。"

感悟

所谓"心手合一",就是说,在做一件事的时候要调动全身的积极性,达到"心即手,手即心"的至高境界。无论我们做什么事,都要专心致志、全心全意地投入,只有这样,才能做到"心手合一"。

有些事是认不得"真"的

　　有师徒二人出游,来到一个地方感觉腹中饥饿,师父就对徒弟说:"前面一家饭馆,你去讨点儿饭来。"徒弟领命就到了饭馆,说明来意。

　　那饭馆的主人说:"要饭吃可以啊,不过我有个要求。"徒弟忙道:"什么要求?"主人回答:"我写一字,你若认识,我就请你们师徒吃饭,若不认识,乱棍打出。"

　　徒弟微微一笑:"恕我不才,可我也跟师父多年,别说一个字,就是一篇文章又有何难?"

　　主人也微微一笑:"先别夸口,认完再说。"说完拿笔写了一个"真"字。

　　徒弟哈哈大笑:"你也太欺我无能了,我以为是什么难认之字,此字我五岁就识。"

　　主人微笑问:"此为何字?"

　　徒弟回答说:"不就是认真的'真'字嘛!"

　　店主冷笑一声:"哼,无知之徒竟敢冒充大师门生,来人,乱棍打出!"

　　徒弟回来见师父,说了经过。师父微微一笑:"看来他是要为师前去不可。"说罢来到店前,说明来意。那店主一样写下"真"字。

师父回答说:"此字念'直八'。"

那店主笑道:"果是大师来到,请!"

就这样师徒二人吃完喝完没付一分钱便离开了饭馆。

徒弟不懂,问道:"师父,你不是教我们那字念'真'吗?什么时候变'直八'了?"

大师微微一笑:"有些事是认不得'真'啊!"

感悟

在人生的旅途中,很多的时候是认不得"真"的,该糊涂的时候,你还坚持认真,那只会给自己带来无尽的烦恼。难得糊涂才是明智之举。

保持谦虚心态，不要有"满了"的想法

一位学僧在无德禅师座下学禅，刚开始还非常专心，学到了不少东西。可是一年之后，他觉得学得差不多了，就想下山去四方云游。

这天，他来到无德禅师面前说："禅师！在您座下参学多年，我感到学到的已经足够了，现在想跟您告假去行脚云游。"

"足够了是什么意思？"

"足够了就是满了，装不下去了。"

"那么在你走之前，先去装一盆大石块来吧！"

学僧不明白无德禅师的意图，但还是按照他的吩咐，装了一大盆大石块，拿到他的面前。

无德禅师指着盆里的大石块问学僧："现在盆满了吗？"

学僧回答："满了。"

无德禅师随手抓了一些小碎石放进盆里，小碎石顺着大石块的缝隙滑了下去。

无德禅师问学僧："现在满了吗？"

"满了！"学僧肯定地说。

无德禅师又抓起几把沙子撒在盆里，沙子顺着小碎石的缝

隙滑了下去。

无德禅师再问:"现在满了吗?"

"满了!"学僧心想,这回可放不下什么东西了吧。

无德禅师又向盆中倒了一杯水。

"现在满了吗?"无德禅师又问。

学僧无言以对,从此不再提告假行脚云游这件事了。

感悟

俗话说,学海无涯。无论我们感觉学得怎样精通,其实也只是略知皮毛而已。因此,我们应该学会谦虚,任何时候都不要有"满了"的想法。

明辨是非即是智慧

佛祖四处布道,声名远播,长爪梵志很不服气,于是专门找到佛祖的门前,要和他一决高低。比赛前,长爪梵志对佛祖说:"我的观点如果被你驳倒,我就砍掉自己的头颅,以后永远不会再来打扰你!"

听了他的话,佛祖安详地问道:"你的观点是什么?"

长爪梵志昂起头,骄傲地说道:"我是一个怀疑论者,不接受一切观点!"

佛祖感叹众生的迷惑和执著,慈悲而怜悯地注视着他,问道:"这个观点你接受吗?"

梵志一时没有反应过来,以为佛祖在敷衍他,就非常生气,站起身拂袖而去。走到半路上,他突然省悟过来,对弟子们说:"哎呀,我已经输了!君子一言,驷马难追,我应该回到佛祖那里,砍头向他谢罪!"

弟子们纷纷劝告道:"师父!您英明一世,也算很有名气,何必因这件小事就断送了自己的生命呢?"

长爪梵志感慨地叹道:"世俗的那点名气算得了什么!我宁可在智者面前砍头,也不愿在庸人面前获胜!佛祖是有真正的大智慧呀。"

　　说完，长爪梵志带着他的弟子回到了佛祖那里，为自己的狂妄向佛祖谢罪。佛祖饶恕了他的罪过，并礼貌地接待了他。于是，长爪梵志连同五百个弟子一起皈依了佛祖，并最终修得了正果，成为了阿罗汉。

感悟

　　不要自以为是，也不要对自己过于执著。在世事面前，我们应该明辨是非，虚心向他人学习，不断提高，这是一种智慧。只有这样，我们才会不断地进步，并能最终成就大业。

佛祖与众生并没有什么区别

有个人为南阳慧中国师做了三十年侍者，慧中国师看他一直任劳任怨，忠心耿耿，所以想要对他有所报答，帮助他早日开悟。

有一天，慧中国师像往常一样喊道："侍者！"

侍者听到国师叫他，以为慧中国师有什么事要他帮忙，于是立刻回答道："国师！要我做什么事吗？"

国师听到他这样的回答感到无可奈何，说道："没什么事要你做的！"

过了一会，国师又喊道："侍者！"

侍者又是和第一次一样的回答。

慧中国师又回答他道："没什么事要你做！"

这样反复了几次以后，慧中国师喊道："佛祖！佛祖！"

侍者听到慧中国师这样喊，感到非常不解，于是问道："国师，您在叫谁呀？"

国师看他愚笨，万般无奈地启示他道："我叫的就是你呀！"

侍者仍然不明白地说道："国师，我不是佛祖，而是你的侍者呀！你糊涂了吗？"

慧中国师看他如此不可教化，便说道："不是我不想提拔你，实在你太辜负我了呀！"

侍者回答道："国师！不管到什么时候，我永远都不会辜负你，我永远是你最忠实的侍者，任何时候都不会改变！"

慧中国师道："还说不辜负我，事实上你已经辜负我了，我的良苦用心你完全不明白。你为什么只承认自己是侍者，而不承认自己是佛祖呢？其实，佛祖与众生并没有区别，众生之所以为众生，就是因为众生不承认自己是佛祖。实在是太遗憾了！"

感悟

很多人只知道依附、服从别人，常常忽视了自己的存在，从而失去了真正的自己。不要看轻自己，要知道自己的价值所在，并去实现这些价值。

只有自己才是自己的佛

有一天,佛陀来到人间。遇到一个智者,正在钻研人生的问题。佛陀敲了敲门,走到智者的跟前说:"我也为人生感到困惑,我们能一起探讨探讨吗?"

智者毕竟是智者,他虽然没有猜到面前这个老者就是佛陀,但也能猜到绝不是一般的人物。他正要问佛陀是谁,佛陀却说:"我们只是探讨一些问题,探讨完了我就走,没有必要说一些其他的问题。"

智者说:"我越是研究,就越是觉得人类是一个奇怪的动物。他们有时候非常理智,有时候却非常的不明智,而且往往在大的方面迷失了理智。"

佛陀感慨地说:"这个我也有同感。他们厌倦童年的美好时光,急着成熟,但长大了,又渴望返老还童;他们健康的时候,不知道珍惜健康,往往牺牲健康来换取财富,然后又牺牲财富来换取健康;他们对未来充满焦虑,但却往往忽略现在,结果既没有生活在现在,又没有生活在未来之中;他们活着的时候好像永远不会死去,但死去以后又好像从没活过,还说人生如梦……"

智者认为佛陀的论述非常的精辟，他说："研究人生的问题，很是耗费时间的。您怎么利用时间呢？"

"是吗？我的时间是永恒的。对了，我觉得人一旦对时间有了真正透彻的理解，也就真正弄懂了人生了。因为时间包含着机遇，包含着规律，包含着人间的一切，比如新生的生命、没落的尘埃、经验和智慧等等人生至关重要的东西。"

智者静静地听佛陀说着，然后，他要求佛陀对人生提出自己的忠告。

佛陀从衣袖中拿出一本厚厚的书递给他，上边却只有这样一段话：

"人啊！你应该知道，你不可能取悦于所有的人；最重要的不是去拥有什么东西，而是去做什么样的人和拥有什么样的朋友；富有并不在于拥有最多，而在于贪欲最少；在所爱的人身上造成深度创伤只要几秒钟，但是治疗它却要很长的时间；有人会深深地爱着你，但却不知道如何表达；金钱唯一不能买到的，却是最宝贵的，那便是幸福；宽恕别人和得到别人的宽恕还是不够的，你也应当宽恕自己；你所爱的，往往是一朵玫瑰，并不是非要极力地把它的刺根除掉，你能做的最好的，就是不要被它的刺刺伤，自己也不要伤害到心爱的人；尤其重要的是：很多事情错过了就没有了，错过了就会变的。"

智者看完了这些文字，激动地说："只有佛陀，才能……"抬头一看，佛陀已经没影没踪了，只是周围还飘着一句话："对每个生命来说，最最重要的便是：只有自己才是自己的佛。"

感悟

真正能度自己的佛正是你自己。一个真正心智成熟的人，他不会莽然急着去拯救别人，因为他知道，最需要拯救的人是自己；他也不会漫无边际地等待别人来拯救他自己，因为他同样知道，最能够拯救自己的人仍然是自己。

第二篇
面对"无奈"与"不得不",放下才是明智之举

佛说,面对「无奈」与「不得不」,放下才是明智之举。人生中有太多的「无奈」与「不得不」,对于已发生过的事情和无法改变的事情,唯有接受,唯有放下,才能活得轻松与自在。这是人生中的大智慧。

放下才能自由自在

佛陀在世时，有一位名叫黑指的婆罗门，两手拿了两个花瓶，来到佛陀的座前，想把这两个花瓶献给佛陀。

佛陀对黑指婆罗门说："放下！"

婆罗门把他左手拿的那个花瓶放下。

佛陀又说："放下！"

婆罗门又把他右手拿的那花瓶放下。

然而，佛陀还是对他说："放下！"

这时黑指婆罗门说："我已经两手空空，没有什么可以再放下了，请问现在你要我放下什么？"

佛陀说："我并没有叫你放下你的花瓶，我要你放下的是你的六根、六尘和六识。当你把这些统统放下，再没有什么了，你将从生死桎梏中解脱出来。"

黑指婆罗门抓了抓自己的脑袋，心想："我真愚昧啊！我到这里来的目的就是为了这个'放下'，为了精神的解脱。"

他终于悟到了"放下"的真义——"放下"心中的一切贪欲、愤恨和妄想，才能自由自在。

感悟

　　人生在世，有太多的东西放不下，有了功名，就对功名放不下；有了金钱，就对金钱放不下；有了爱情，就对爱情放不下；有了事业，就对事业放不下……这些重担与压力，使很多人生活得非常辛苦。在必要的时候，放下才是最好的解脱之道。

舍弃一切尘想与贪欲

神会禅师前去拜见六祖,六祖问他:"你从哪里来?"
神会答道:"没从哪里来。"
六祖问:"为什么不回去?"
神会答:"既然没有来,谈什么回去?"
六祖又问:"你把生命带来了吗?"
神会答:"带来了。"
六祖接着问:"既有生命,应该知道自己生命中的真相了吧?"
神会答:"只有肉身来来去去,没有灵魂往往返返!"
六祖拾起禅杖,打了他一下。
神会毫不躲避,只是高声问:"和尚坐禅时,是见还是不见?"
六祖又杖打了三下,才说:"我打你,是痛还是不痛?"
神会答:"感觉痛,又不痛。"
"痛或不痛,有什么意义?"
神会答:"只有俗人才会因为痛而有怨恨之心,木头和石头是不会感觉到痛的。"

"这就是了！生命是要超越一切世俗观念，舍弃一切尘想与贪欲的。见与不见，又有什么关系？痛与不痛，又能怎样？无法摆脱躯壳的束缚，还谈什么生命的本源？"

六祖又说："问路的人是因为不知道去路，如果知道，还用问吗？你生命的本源只有你自己能够看到，因为你迷失了，所以你才来问我有没有看见你的生命。生命需要自己把握，何必问我见或不见？"

神会默默礼拜合十。

感悟

我们一直不停地追问生命的意义，不停地思索活着到底是为了什么，往往始终想不出答案。佛家认为，生命用概念来定义，它是一种精神的本源，肉体只是它的外在表现。如果我们能超越一切世俗观念，舍弃所有尘想与贪念，也许就找到了生命意义的所在。

活得累是因为背负的东西太多

有一个年轻人觉得生活很沉重,便去见禅师寻求解脱之法。

禅师就给了他一个篓子背在肩上,指着一条沙砾路说:"你每走一步就捡一块石头放进去,看看有什么感觉。"

年轻人照禅师说的去做了,禅师便到道路的那一头儿等他。

过了一会儿,年轻人走到了头,禅师问有什么感觉。

年轻人说:"觉得越来越沉重。"

禅师说:"这也就是你为什么感觉生活越来越沉重的道理。当我们每走一步,都要从这世界上捡一样东西放进我们生活的篓子里,所以就有了越走越累的感觉。"

年轻人问:"那有什么办法可以减轻这种沉重吗?"

禅师问他:"那么你愿意把工作、爱情、家庭、友谊哪一样拿出来呢?"

"……"年轻人不语。

禅师说:"我们每个人的篓子里装的,不仅仅是从这个世界上精心寻找来的东西,还有责任。当你感到沉重时,也许你应该庆幸自己不是身兼要职的人物,因为他的篓子比你的大多了,也沉多了。"

感悟

　　生活就是禅。每个人注定都要背一个篓子，不断地在往里装东西。如果你舍不得丢掉一些东西，那么就不要怨天尤人——抱怨活得很累。生命不是用来寻找答案的，也不是用来解决问题的，它是用来愉快地生活的。

想得到的越多，往往失去的就越多

从前，有一个人很穷，穷得连床也买不起，家徒四壁，只有一张长凳，他每天晚上就在长凳上睡觉。但这个人很吝啬，他也知道自己的这个毛病，可就是改不了。

他向佛祖祈祷："如果我发财了，我绝对不会像现在这样吝啬。"

佛祖看他可怜，就给了他一个装钱的口袋，说："这个袋子里有一个金币，当你把它拿出来以后，里面又会有一个金币，但是当你想花钱的时候，只有把这个钱袋扔掉才能花钱。"

那个穷人欣喜若狂，他不断地往外拿金币，整整一个晚上没有合眼，地上到处都是金币。这一辈子就是什么也不做，这些钱已经足够他花的了。

每次当他决心扔掉那个钱袋的时候，都舍不得。于是他就不吃不喝地一直往外拿着金币，屋子里装满了金币。可是他还是对自己说："我不能把袋子扔了，钱还在源源不断地出，还是让钱更多一些的时候，再把袋子扔掉吧！"

到了最后，他虚弱得没有把钱从口袋里拿出来的力气了，但他还是不肯把袋子扔掉，终于死在了钱袋旁边，屋子里装的都是金币。

感悟

　　无论做什么事，都要适可而止，适可而止是一种明智之举；同时决不可贪得无厌，因为想得到越多的东西，失去的往往就会越多，甚至包括生命。

学会放下，生命就不会沉重

一个青年背着一个大包裹，千里迢迢跑来找无际大师，他说："大师，我是那样的孤独、痛苦和寂寞，长期的跋涉使我疲倦到极点；我的鞋子破了，荆棘割破双脚；手也受伤了，流血不止；嗓子因为长久的呼喊而喑哑……为什么我还不能找到心中的阳光？找到快乐？"

大师问："你的大包裹里装的什么？"

青年说："它对我可重要了。里面是我每一次跌倒时的痛苦，每一次受伤后的哭泣，每一次孤寂时的烦恼……靠了它，我才能走到您这儿来。"

无际大师带青年来到河边，他们坐船过了河。

上岸后，大师说："你扛了船赶路吧！"

"什么，扛了船赶路？"青年很惊讶，"它那么沉，我扛得动吗？"

"是的，孩子，你扛不动它。"大师微微一笑说，"过河时，船是有用的。但过了河，我们就要放下船赶路。否则，它会变成我们的包袱。痛苦、孤独、寂寞、灾难、眼泪，这些对人生都是有用的，它能使生命得到升华，但须臾不忘，就成了人生的包袱。放下它吧！孩子，生命不能太负重。"

青年放下包袱，继续赶路，他发觉自己的步子轻松而愉悦，比以前快得多。原来，生命是可以不必如此沉重的。

感悟

在生活中，我们放不下的东西太多了，以至于多了许多的不快与烦恼，甚至于觉得生命是如此沉重。所以在生活中，我们应该学会放下，因为放下就是快乐，放下就会一身轻松。

忘记负担的存在，就会变得轻松

镜虚禅师带着他的弟子满空云游四方，满空出家不久，还不习惯这样在外面行走，觉得太累了。

一路上，满空不住地嘀咕，嫌行囊太重，想找个地方歇歇脚，而镜虚禅师却总是说："再走一会儿吧，再走一会儿吧。"但走了半天，镜虚禅师不仅不歇，反而越走越快，满空跟在后面，跑得气喘吁吁。

师徒俩走了好长一段山路后，进入了一个村庄，满空说："师父，咱们在这里休息一下吧？再走我就累死了。"

正在这时，一个妇女迎面走来，镜虚禅师赶忙跑过去，抓住了那个妇女的双手。妇女吓坏了，尖声大叫："救命啊！非礼啊！老和尚非礼啊！"

妇女的家人和邻居听到声音，急忙赶了出来，一看到这种情况，都非常生气，齐声喊打。镜虚禅师见势不妙，赶紧松手，撒腿就跑。满空也被吓坏了，背起行囊跟在师父后边，飞也似的跑了起来。

师徒俩一路狂奔，一刻也不敢停，顷刻间便跑过了几条山路。回头看看没人追来，二人便一屁股坐了下来。

满空擦了擦额头上的汗，生气地埋怨道："师父，没想到您竟会做出这样的事情。跟您学习，我还能参禅悟道吗？我还是回家算了。"

谁知镜虚禅师听了不仅不生气，还嘿嘿地笑了一下，问道："现在，你背上的行囊还重吗？"

满空回头一看，顿时明白了师父的用意。

虽然镜虚禅师用此行为说明了一个道理，但其做法是不可取的。

感悟

我们越是想着沉重的负担，就越是觉得不堪重负；如果我们能够把心思转移一下，放在别的事情上，不再时时关注自己的负担，就会忽视了它的存在，从而会使自己变得轻松起来。

放不下是因为心中有杂念

有一天,坦山和尚准备拜访一位他仰慕已久的高僧,高僧是几百里外一座寺庙的住持。早上,天空阴沉沉的,远处还不时传来阵阵雷声。

跟随坦山一同出门的小和尚犹豫了,轻声说:"快下大雨了,还是等雨停后再走吧。"

坦山连头都不抬,拿着伞就跨出了门,边走边说:"出家人怕什么风雨。"

小和尚没有办法,只好紧随其后。两个人才走了半里山路,瓢泼大雨便倾盆而下。雨越下越大,风越刮越猛,坦山和小和尚合撑着伞,顶风冒雨,相互搀扶着,深一脚浅一脚艰难地行进着,半天也没遇上一个人。

前面的道路越走越泥泞,几次小和尚都差点滑倒,幸亏坦山及时拉住他。走着走着,小和尚突然站住了,两眼愣愣地看着前方,好像被人施了定身法似的。坦山顺着他的目光望去,只见不远处的路边站着一位年轻的姑娘。在这样大雨滂沱的荒郊野外出现一位妙龄秀女,难怪小和尚吃惊发呆。

这真是位难得一见的美女,圆圆的瓜子脸上两道弯弯的黛眉，长着一对晶莹闪亮的大眼睛，挺直的鼻梁下是一张鲜红欲滴的樱桃小口，一头秀发好似瀑布披在腰间。然而她此刻秀眉微蹙，面有难色。原来她穿着一身崭新的布衣裙，脚下却是一片泥潭，她生怕跨过去弄脏了衣服，正在那里犯愁呢。

坦山大步走上前去："姑娘，我来帮你。"说完，他伸出双臂，将姑娘抱过了那片泥潭。

以后一路行来，小和尚一直闷闷不乐地跟在坦山身后走着，一句话也不说，也不要他搀扶了。

傍晚时分，雨终于停了，天边露出了一抹淡淡的晚霞，坦山和小和尚找到一个小客栈投宿。

直到吃完饭，坦山洗脚准备上床休息时，小和尚终于忍不住开口说话了："我们出家人应当不杀生、不偷盗、不淫邪、不妄语、不饮酒，尤其是不能接近年轻貌美的女子，您怎么可以抱着她呢？"

"谁？哪个女子？"坦山愣了愣，然后微笑了，"噢，原来你是说我们路上遇到的女子。我可是早就把她放下了，难道你还一直抱着她吗？看来你还没有放下，所以你心中还有太多的杂念啊！"

小和尚顿悟。

感悟

有些事之所以放不下，是因为心中有太多的杂念。想要驱除杂念，就要在心中保持一片清澄，让杂念没有滋生之处。只有这样，才能达到一种"放下"的境界。

将一天中最重要的事做完，就可以放下了

从前，在一座著名的寺院里，住着一位得道的高僧。他每天都要在傍晚去喂他的狗。他的狗的名字很奇怪，叫做"放下"。每到日落时分，高僧就为"放下"送饭了，嘴里还一边呼唤着："放下！放下！"

小弟子觉得很奇怪，就问高僧："为什么要给狗起这个奇怪的名字，人家的狗都叫阿黄、来福什么的，为什么您的狗叫'放下'？"

高僧不语，让他自己去悟。小弟子就观察高僧，终于发现：每天当高僧喂完狗后，就不再读经学道了，而是自己到院中打打太极拳、看看日落之类的事情，总之是闲暇地享受生活。

小弟子来到高僧面前，诉说了他观察的收获，高僧微笑地点点头说："你终于明白了。其实我在叫狗的时候，其实也是叫自己'放下'，让自己放下许多事情。因为人们不可能在一天内做完所有的事情，你只要将一天中最重要的事情做完就已经很好了。"

感悟

在人们越来越习惯动辄高呼"残酷竞争"时,其实学会"放下"的意义就越大。正如当你自觉遭遇灭顶挫折时,不妨手搭凉棚,你一定会发现:天并不会塌下来。这并不是不求上进,而是懂得放下,这样才最终会赢;而整日忙碌不休的人,收获的往往只是焦虑和疲惫。其实,将一天中最重要的事做完,就可以放下了。

抛开让我们受伤害的碎片

有一段时间，一个青年人的事业和家庭都遇到了麻烦，嫉妒、浮躁、忧虑整日困扰着他。一个朋友看着青年人沮丧的样子很着急，于是告诉他去附近山上一座禅院找住持无智禅师帮忙开解一下，也许会有所帮助。

禅房里，面对慈祥、超然的无智禅师，青年人一股脑儿地道出了自己的困惑和烦恼。无智禅师笑笑，伸出右手，握成拳头说："你试试看。"青年人照做。"再握得紧一些。"于是青年人把拳头捏得越来越紧，指头几乎攥进手心了。"感觉如何？"他慈祥地问那个青年人。他茫然地摇了摇头。"把拳头伸开。"青年人伸开手掌，无智禅师拿起桌上的一枚青枣和一片玻璃碎片放在青年人的手中，说道："握紧。"青年人于是把青枣和碎片握在手心。"握紧一些，再紧一些。""不行了，禅师，我的手都快要被割破了。"青年人感到了手掌的疼痛。这时，无智禅师突然喝道："那你还不赶快把拳头松开！"青年人吓了一跳，舒开手掌，看着手掌有些微红的硌痕，碎片已经扎到青枣里了。无智禅师望着他说："现在，把碎片取出来，丢掉吧。"把碎片取出来！无智禅师的话，真是醍醐灌顶。这青枣就好比青年人的事业和生活，而这碎片就是生活中困扰着青年的嫉妒、浮躁、忧虑……

无智禅师看着青年人的表情，笑了笑，说："看来施主已经有所了悟。生活中的事就好像这青枣和玻璃碎片，如果你什么都不取，空握拳头，即便使再大的力气，也是一无所获，这叫徒劳无功。青枣就像你生活中一切美好的事物，而碎片就是困扰你的烦恼，我们在做事时难免要产生烦恼。要记得及时将青枣中的碎片取出来丢掉啊。"

看着青枣和碎片，听无智禅师一席话，青年人豁然开朗。

感悟

我们在生活中，总会有这样或那样的一些负面情绪在影响着我们，如果我们只知道积累而不懂得释放这些负面情绪的话，总有一天会被它刺伤。握住对我们有利的东西，抛开让我们受伤害的碎片，才是智者之举。

心内的烦恼是可怕的魔军

由于刚刚打了一场胜仗,印度的琉璃王率领着一百万大军,浩浩荡荡地唱着胜利的凯歌,准备回国。将士们也把盔甲擦得雪亮,闪耀着夺目的光芒,高昂的歌声响彻了云霄,铿锵悠扬,充满自信。

当军队经过浩瀚的大海边时,看到海浪拍打着岩石,留下凹凹凸凸的岁月痕迹。海边的岩岸上,站了一个庄稼汉打扮的男子,高举双手对着怒吼的海涛大叫:"我胜利了!我胜利了!我终于打败了宇宙之间最大的敌人。"

好奇的琉璃王上前问:"仁者!刚才听你兴奋地大喊战胜了敌人,不知道你动用了多少兵马?"

庄稼汉子回答说:"我不费一兵一卒而降伏万军。"

琉璃王忍不住接着问道:"咦,这就奇妙了!我刚刚率领一百万的精锐雄兵,经过三个月的浴血奋战,才将顽强的敌国军队歼灭,你究竟运用什么战术,不费吹灰之力而能战胜敌军?请你将战争的心得告诉我。"

庄稼汉子平静地答道:"心外的军队不是真正的敌人,心内的烦恼才是可怕的魔军。我是用般若智慧,降伏了宇宙间最大的敌人——自性的烦恼魔军。"

琉璃王一脸疑惑地追问:"此话怎讲?"

庄稼汉子回答说:"大王!我本来是一个种田的农夫,每天日出而作,日落而息,逍遥又惬意。但是我又非常向往出家人托钵行脚、随缘度化的生活。于是我便向佛陀请求,请佛陀慈悲接受我为弟子,剃度出家。佛陀终于接受我的虔诚恳求,让我披上袈裟,成为僧团的一分子。"

琉璃王接着问:"你既然已经成为出家僧侣,为什么又身着世俗的衣服,站在此地狂呼呢?"

庄稼汉子很有耐心地回答琉璃王:"我虽然剃去鬓发,身着福田衣,但是我的心却念念不忘于昔日耕种的那一把锄头。因此,我出家前找到一个隐蔽的地方把锄头藏好。每天托钵回来,总要去看看、摸摸那把可爱的锄头。我虽然身在佛门,却又不能忘情耒耜躬耕的快乐,所以我请求佛陀广开法门,让我还俗,回到田野,重新过着越陌度阡的稼穑日子。"

琉璃王焦急地问:"那佛陀答应你了吗?"

庄稼汉子回答道:"佛陀为了随顺众生的根性,还是满足了我的心愿。我终于能够再度扛着心爱的锄头,迎接朝阳,脚踏大地,但是我的心依然惴惴不安。荷锄农耕的日子固然逍遥快乐,但是毕竟比不上出家生活的随缘放旷,自在无碍。最后,我下定决心,决定安身立命于寺院僧团,因此我再去请求佛陀接受我为弟子。"

琉璃王有些替佛陀不平地说道:"你这样出尔反尔,七进七出,不是让佛陀为难吗?"

庄稼汉子有些惭愧地回答说:"惭愧!惭愧!这一切反复无

常的行为，都是因为这颗心的贪执愚昧。因此，今天我来到海边，把心爱的锄头丢弃大海之中，任其随波逐浪，破釜沉舟地拔除我对世俗的眷恋不舍。现在我终于降伏了宇宙之间最大的敌人，那就是我们心内的贪痴迷妄。"

琉璃王无限赞叹地说："你才是真正善战的英雄，我实在比不上你呀！"

感悟

俗话说："捉山中之贼易，捉心中之贼难。"世间有许多的东西让我们放不下，我们的身体处在一个地方，而我们的心却飞往更多的地方。心有时住在一个人的身上，有时住在别人的一句话、一个脸色上，甚至住在一件东西的上面。心中的痴恋烦恼，才是我们最大的敌人。

对于已失去了的东西，没必要再留恋了

有一个高僧，他是位著名的收藏家。

他酷爱陶壶，收集了无数个茶壶，只要听说哪里有好壶，不管路途多远一定亲自前往鉴赏，如果中意了，而对方愿意割爱，花再多钱他也舍得。在他所收集的茶壶中，他最中意的是一只龙头壶。

一日，几个久未见面的好友前来拜访，于是他拿出这只茶壶泡茶招待朋友。几个人开心地畅谈着，一个朋友对这只茶壶所泡出的茶赞不绝口，因此好奇地将它拿起来把玩，结果一不小心将它掉落到地上，茶壶应声破裂，屋里陷入一片寂静，每个人都为这巧夺天工的茶壶惋惜不已。

这时这位收藏家站了起来，默默收拾这些碎片，将他交给一旁的下人，然后拿出另一只茶壶继续泡茶说笑，好像什么事也没发生过一样。

事后，有人就问他："这是你最钟爱的一只壶，被打破了，难道你不难过，觉得惋惜吗？"

收藏家说："事实已经造成，摔碎壶留恋又有何益？不如重新去寻找，也许能找到更好的呢！"

感悟

我们常常对已失去的事物，对已成为过去的美好情感总是念念不忘，对比眼前，往往会黯然神伤。既然已失去，既然已成为过去，我们已无法挽回，何不重新去寻找美好？

既然已经失去，就让它失去吧

金代禅师非常喜爱兰花，在寺旁的庭院里栽植数百盆各色品种的兰花，讲经说法之余，总是全心地照料，大家都说，兰花好像是金代禅师的生命。

一天，金代禅师因事外出。有一个弟子接受师父的指示，为兰花浇水，但不小心，将兰架绊倒，整架的盆兰都给打翻了。

弟子心想：师父回来，看到心爱的盆兰这番景象，不知要愤怒到什么程度？于是就和其他的师兄弟商量，等禅师回来后，勇于认错，甘愿接受任何处罚。

金代禅师回来后，看到这件事，一点也不生气，反而心平气和地安慰弟子道："我之所以喜爱兰花，为的是要用香花供佛，并且也为了美化禅院环境，并不是想生气才种的啊！世间的一切都是无常的，不要执著于心爱的事物而难割舍，因那不是禅者的行径！"

金代禅师的"不是为生气才种花"禅功，深深地感染了弟子。弟子放下了一颗忐忑的心，更精进于修持。

感悟

世间的事物变化无常,我们不必执著于心爱的事物而难以割舍。毕竟,我们喜爱一种事物的初衷,并不是因为失去它时要伤心。人生中的很多东西既然已经失去,不妨就让它失去吧。

第二篇 面对「无奈」与「不得不」,放下才是明智之举

如果追求错了，就要及时修正

追求也许是人类的一大特点，人们对自己的生活永远不会满足，什么事情都要有所否定和超越。如果否定的是自己的欲望，那么得到的就是精神上的升华，这是一件好事。但是如果放纵的是自己的欲望，而追求的是物质上的满足，那么就永远没有一个满足的时候。因为物质的欲望是永远也填不满的，人们一旦陷入到物质欲望的追求当中，就一定会痛苦烦恼而永远没有尽头。

而且，如果不属于自己的东西，还要去强求，那么必然会感到痛苦不堪。由不得我们自己的事，我们却还要求它们完备，那几乎是不可能的，所以就不要去追求了。能够由得我们自己的事情，那我们就一定去把它做好，而不放纵自己，这才是一种明智的方法。

北野是日本京都永平寺的方丈。他年轻的时候，喜欢四方云游。二十岁那年，北野在云游途中，遇到了一位嗜烟的行人，两个人结伴而行。他们爬过一条山路后，感觉有些累了，于是来到一棵大树下休息。那位嗜烟的行人递给北野一袋烟,北野接受了。北野抽过烟后,称赞烟的味道不错,于是,那位嗜烟的行人便送他一根烟管和一些烟草。二人分别后,北野想道:"这样令人舒服的东西,也许会侵扰我的禅定,我应立即停止,以免积恶成习。"于是他抛掉了烟管和烟草。

三年之后,北野开始研究《易经》。时值冬季,他需要一些御寒的衣服,于是他便写了一封信,托一位旅人带给数百里外的一位老师,希望老师能寄些衣服过来。但冬季几乎都快过去了,既没有衣服寄来,也没有音信传来,他好不容易才熬过冷酷的严冬。北野利用易经之理,占卜此事,占卜的结果是:信并未送达。不久之后,他的老师寄来一封信,信里果然没提到寒衣之事。

"如果我以易经去做如此准确的占卜工作,也许会毁坏了我的禅学课程。"北野对此又起了警惕之心。接着,他就丢弃了这个不可思议的易经之术。

北野到了二十八岁那年,又爱上了书法和汉诗。对于书法和汉诗,他每天都在钻研,每天都在进步,也获得了老师的赞赏。但后来北野想到:"如果我不及时停止,我就要成为一位书法家或诗人而非禅师了,这不是我所想要的。"从此,北野不再舞文弄墨、习字赋诗了。

后来,北野专心于禅学,终于成为了一代禅门大师。

感悟

当一个人在事业上一事无成的时候,应该静心想一想：自己追求的是什么？是不是追求发生了什么偏差？如果是执著于错误的追求，那就应该悬崖勒马，修正自己的追求，使其朝着一个正确的方向前行，这样才能有所成就。

放下屠刀，立地成佛

有一位禅师，教徒十分严格。一次，禅师得知一位沙弥夜行时，不小心踩死一只青蛙，他严厉地训斥道："你怎能随便踩死生灵呢？这是犯了杀生的根本大戒，为免业报轮回，你去后山跳崖，以舍身谢罪吧！"

沙弥一听，顿时如五雷轰顶，知道自己闯下了大祸，只好拜别禅师，万分悲痛地来到悬崖边，准备殉身谢罪。往下一看，悬崖峭壁，只要跳下去，肯定粉身碎骨，不会有个完尸。沙弥想来思去，不知如何是好。真是骑虎难下，进退维谷，便忍不住掩面号啕大哭起来。

碰巧一个屠夫经过，看到沙弥跪在路旁痛哭伤心的样子，便问道："小师父，你受什么委屈了，怎么哭得这么伤心？"

沙弥答道："我夜行时踩死一只青蛙，师父要我跳崖舍身，忏悔谢罪！"屠夫一听，悲伤之情油然而出，悔恨万分地说道："小师父啊！你不过无心踩死一只青蛙，罪孽就这么重，要跳崖才能消业。那我天天杀猪，屠来宰去，满手沾满血腥，我的罪过岂不是无量无边，不知有多深多重。这样吧，你不要跳崖舍身，让我跳吧！应该是我舍身谢罪！"

屠夫忏悔之念起，便毫不迟疑地纵身跳崖，正当他随风飞坠，眼看就要丧命山谷时，一朵祥云冉冉从幽谷中升起，不可思议地托住了屠夫的身子，救回了他的命。后来，屠夫成了佛。

感悟

"放下屠刀，立地成佛"是佛家的境界，讲究的是一种悟，而不是看表面现象。现实中的放下屠刀者，绝对成为不了佛，也不能洗刷他应有的罪名。放下屠刀，放下的是一颗心，而不是真的屠刀，才能立地成佛。

第二篇

人之所以痛苦，是因为欲望太多

佛说，人之所以痛苦，是因为欲望太多。人不能没有欲望，但要去除那些不该有的欲望——不该有的欲望让人深陷痛苦，尤其是贪欲。有求皆苦，无欲则刚。一个人懂得去除不该有的欲望，是人生中的大智慧。

不知足，不会有快乐

很久以前，有个山民靠打柴为生，他长年累月地辛苦劳作，仍改变不了贫困的局面。他自己也不记得曾在佛前烧了多少柱高香，祈求佛祖降临好运，帮他出苦海。

佛祖果然慈悲，有一天，山民无意中在山坳里挖出了一个百十来斤的金罗汉。转眼间他便过上了他从前做梦都无法梦到的生活，又是买房又是置地。而他的宾朋亲友一时间竟多出十几倍，从四面八方赶来向他祝贺。

可是这个山民只高兴了一阵，继而却犯起愁来，食不知味，睡不安稳，没有一点快乐的感觉。

"偌大的家产，就是贼偷，也一时不能偷个精光，看你愁得像个丧气鬼！"他老婆劝了几次都没有效果，于是高声埋怨起来。

"你一个妇道人家怎能理解我的愁事呢？怕人偷只是原因之一啊！"山民叹了口气，说了半句便很懊恼地用双手抱住了头，又变成了一只闷葫芦。

过了一会儿，这个山民终于说了："十八罗汉我只挖到一个，其他十七个不知在什么地方？要是那十七个罗汉一齐归我所有，那该有多好啊！"——这才是他不快乐的主要原因。

感悟

快乐的另一种解释就是知足。在人的一生中，要学会知足，只有这样，才可以生活得快乐；而如果贪得无厌，陪伴自己的将只有烦恼，因为贪欲与烦恼是成正比的。一个人只有清心寡欲，知足常乐，才能平静而快乐地度过自己的一生。

欲望如枝杈，需要经常修剪

曼谷的西郊有一座寺院，因为地处偏远，香火一直非常冷清。

原来的住持圆寂后，索提那克法师来到寺院做新住持。初来乍到，他绕着寺院四周巡视，发现寺院周围的山坡上到处长着灌木。那些灌木呈原生态生长，树形恣肆而张扬，看上去随心所欲，杂乱无章。索提那克找来一把园林修剪用的剪子，不时去修剪一棵灌木。半年过去了，那棵灌木被修剪成一个半球形状。

僧侣们不知住持意欲何为。问索提那克，法师却笑而不答。

这天，寺院来了一个不速之客。来人衣衫光鲜，气宇不凡。法师接待了他。寒暄，让座，奉茶。对方说自己路过此地，汽车抛锚了，司机现在修车，他进寺院来看看。

法师陪来客四处转悠。行走间，客人向法师请教了一个问题："人怎样才能清除掉自己的欲望？"

索提那克法师微微一笑，折身进内室拿来那把剪子，对客人说："施主，请随我来！"

他把来客带到寺院外的山坡。客人看到了满山的灌木，也看到了法师修剪成型的那棵。

法师把剪子交给客人,说道:"您只要能经常像我这样反复修剪一棵树,您的欲望就会消除。"

客人疑惑地接过剪子,走向一丛灌木,咔嚓咔嚓地剪了起来。

一壶茶的工夫过去了,法师问他感觉如何。客人笑笑:"感觉身体倒是舒展轻松了许多,可是日常堵塞心头的那些欲望好像并没有放下。"

法师颔首说道:"刚开始是这样的。经常修剪,就好了。"

来客走的时候,跟法师约定他十天后再来。

法师不知道,来客是曼谷最享有盛名的娱乐大亨,近来他遇到了以前从未经历过的生意上的难题。

十天后,大亨来了;十六天后,大亨又来了……三个月过去了,大亨已经将那棵灌木修剪成了一只初具规模的鸟。法师问他,现在是否懂得如何消除欲望。大亨面带愧色地回答说,可能是我太愚钝,眼下每次修剪的时候,能够气定神闲,心无挂碍。可是,从您这里离开,回到我的生活圈子之后,我的所有欲望依然像往常那样冒出来。

法师笑而不言。

当大亨的鸟完全成型之后,索提那克法师又向他问了同样的问题,他的回答依旧。

这次,法师对大亨说:"施主,你知道为什么当初我建议你来修剪树木吗?我只是希望你每次修剪前,都能发现,原来剪去的部分,又会重新长出来。这就像我们的欲望,你别指望完全消除。我们能做的,就是尽力把它修剪得更美观。放任欲望,它就会像这满坡疯长的灌木，丑恶不堪。但是，经常修剪，就能成为一道悦目的风景。对于名利，只要取之有道，用之有道，利己惠人，它就不应该被看作是心灵的枷锁。"

大亨恍然大悟。

此后，随着越来越多的香客的到来，寺院周围的灌木也一棵棵被修剪成各种形状。这里香火渐盛，日益闻名。

感悟

对待什么东西，我们都不能放任自流，欲望也是如此，放任欲望就会使我们陷入痛苦中，无法自拔。然而，人的欲望又是无止境的，我们并不能完全消除。因此，对于欲望，我们应该像园林工人修剪灌木那样，尽量把它修剪得美观，不让它疯长，丑恶不堪。这样我们不仅能摆脱欲望所带来的痛苦，还能使之成为一道悦目的风景。

一味地贪图享乐，最终会被享乐所吞噬

　　有一次，世尊释迦牟尼在法会上给诸比丘僧，讲述了一个很久以前的故事。

　　有两个商人各有五百人的商队，在波罗奈地区筹集了金钱、资粮，准备好许多帆船，决定远行寻宝。

　　他们扬帆起航，乘风破浪，驶向大海深处。

　　商船在大海中行驶了很长时间。这一天，他们突然发现了一座宝岛出现在他们的眼前。那个岛上有众多的珍宝、美女，他们一个个都看得目瞪口呆。

　　这时，第一队商人的头领看到此景，即说道："我们舍财舍命去寻宝，辛辛苦苦来到这里，这里的美女、财宝无奇不有，人生一世能享受这些也就足矣！我们还不如就住在这里吧！"

　　可是，第二队商队的头领看到此景，即冷静地说道："在无边无际的大海中，这个宝岛虽无奇不有，但一定不会长久的！"

　　众人听了，正在犹豫不决之际，正好，有一个天女路过此处，心中怜悯这些商人，便在空中对众商人说道："你们在此地虽然暂时能享受一些快乐，但这一切都将不长久，再过七天，这个小岛将要被大海吞没！"

这个天女说完，即消失而去！

又有一个魔女从此经过，她想让这些商人都被大海吞没，即在空中对众商人说道："你们不要走，这个宝岛怎会被海水吞没呢？如失去机会，这些钩人魂魄的美女、奇妙的珍宝，上哪儿再找呢？刚才那个天女是骗你们呢，你们可别相信她所说的！"

她说完后，也随即消失而去。

那第一队商人的头领听后，即对他的手下说道："你们不要信那第一个天女的话，我们大家还是呆在这岛上，享受五欲之乐吧！"

第二个商队的头领则对他的手下说道："你们切莫因为贪享一时之乐而将性命丢掉，还是快快装些珍宝，不要贪恋此地。那第一个天女的话是真实的啊！"

果然，过了七天后，如第一个天女所说，大海的波涛将宝岛吞没了。第二个商队的人，由于早有防备，都呆在船上，所以安然无恙。而那第一支商队的人，由于只顾贪恋玩乐，都被大海吞噬了。

感悟

世人大都贪图享乐，殊不知，正是因为贪图享乐，人才会失去自我。如果一个人一味地贪图享乐的话，他最终会被享乐所吞噬。一个人只有抵制住享乐的诱惑，才能真正地安身立命。

贪婪会让人失去终生的自由

从前菩萨化身为鸽王,带领着自己的属下五百只鸽子在国王的花苑中寻找食物。

国王见后,便命人张网来捕,结果鸽王与这五百只鸽全都落网,无一逃脱。国王命人将鸽子们装进笼里,用粳米与肥肉喂它们,以作佳肴之用。

鸽王被关进笼里后,便开始一心向佛,忏悔自己的过失,兴起行善的念头,希望能让众鸽得以逃脱,远离灾难。

它对其他鸽子说:"佛经中说,戒贪是第一重要的。因贪而富贵者,就像是饥饿的人得到有毒的饮食一样,只能得到一时的快乐。你们只要绝食,不吃那些美味,就可保全性命了。"

众鸽说:"都已经被关在这笼里了,还有什么希望呢?"

鸽王说:"贪婪者都不会有好下场的。"于是它开始绝食,慢慢就瘦了下来,到了可以从笼中缝隙中飞出去时,它又对众鸽说道:"如果你们能够绝食,变得像我现在这样瘦,就可以自由地飞走了。"

说完,它就从笼中飞了出去。

感悟

贪图一时的快乐，是人性的致命弱点。古往今来，因禁不住利欲的诱惑而身败名裂的大有人在。因此，为了能够平静幸福地生活，我们就应该学会遏制自己的贪欲，万不可为了一时的快乐，而失去了终生的自由。

第三篇　人之所以痛苦，是因为欲望太多

一个人贪欲越大,他就离地狱越近

佛经中有这样一个故事。

从前,有位年轻人和他的舅舅结伴到各地做买卖。一天,他们来到一个国家,遇到一条大河。于是舅舅就让年轻人呆在河边,自己先渡过河去看看对岸的情形。他沿着河岸走了不一会儿,看到一间小茅屋,走近一看,屋里有一个妈妈和一个小女孩。

母女俩看到一个商人走进来。女孩便对妈妈说:"妈!咱们后屋里还有一只大盘子,很多年没用了,我想要一颗珍珠,最好能换一颗洁白的珍珠,我真想要这样一颗珍珠!"

母亲想了想就答应了女儿的要求,走进后屋,从一堆没有用的破烂杂物中,翻出一只布满灰尘的盘子,拿过来给商人看。

商人轻轻刮了一下,立刻发现盘子是金的,真是无价之宝。但他并不想让这对母女得到这么多钱,就假装很鄙视的样子,把盘子往地下一摔,轻蔑地说:"我以为是什么宝贝东西呢!别让这不值钱的破铜烂铁,弄脏了我的手!"随后就走了。

接着,那个年轻人也过了河,正好沿着这个方向来找他的舅舅。

女孩见又来了一个商人，再向妈妈提出换珍珠的事。

妈妈知道女儿的心愿，可是她不愿意再碰到刚才那种令人尴尬的场面。她轻声对女儿说："刚才那事让人多难堪哪！还是算了，别换了。"

女儿却不同意地说："他们不一样啊！您看这个年轻人的相貌，和善又正直，完全不像刚才那个人一副贪婪的样子。"她不听母亲的劝阻，又将盘子拿给年轻人看。

年轻人一看，告诉她们说："这只盘子太值钱啦！这是用非常贵重的紫磨金制成的。我要拿我所有的货物和您换，行不行？"

母亲很高兴地说："当然好啦！"年轻人连忙找到舅舅，借了两枚金币，雇人把货物运过河来。

舅舅一听外甥要换这只名贵的盘子，就趁着外甥去河对岸运货时，赶快到寡妇家，装作很大方的样子说："其实您这只盘子不值什么钱，不过，看来你们的生活也不富裕，我就拿几颗珍珠和您换吧！我亏点就亏点吧，谁让我是个好心眼的人呢？"

那寡妇已经看透了他这套把戏，气愤地说："好啊，你又来了！告诉你，我的盘子已经和一个好心的年轻人讲好了，他拿他所有的货物和我交换。你想拿几颗不值钱的珍珠，就换走我的盘子？哪有这么便宜的事！你这个贪财、奸诈的骗子！吃我几杖再走！"

商人见苗头不对，赶快逃出来，一口气跑到河边，气得捶胸顿足地叫道："给我那只宝贝盘子！"由于悔恨交加，一气之下竟吐血而死。

年轻人来找舅舅还那两枚金币时，他已经断了气。年轻人难过地说:"舅舅啊!您因为太贪钱而失去自己的性命,实在是不值得啊!"

感悟

人有适当的欲望是正常的,但贪欲却是要不得的。佛说,一个人贪欲越大,他就离地狱越近。贪欲会使人在渴望中失去自我,会使人做出违背良心的事情,会使人最终走向自我毁灭。

容易得到的东西，常常伴随着灾难

以前，有兄弟俩，他们自幼失去了父母，相依为命，家境十分贫寒。他们俩终日以打柴为生，生活十分辛苦。即便这样，兄弟俩从来没有抱怨过，他们起早贪黑，一天到晚忙得不亦乐乎。并且，哥哥照顾弟弟，弟弟心疼哥哥，生活虽然艰苦了点，但日子过得还算舒心。

观世音菩萨得知了他们二人的情况，为他们的亲情所感动，决心下界去帮他们一把。清晨时分，菩萨来到了兄弟俩的梦中，对他们说："远方有一座太阳山，山上撒满了金光灿灿的金子，你们可以前去拾取。不过一路非常艰险，你们可要小心！并且，太阳山温度很高，你们一定要在太阳出来之前下山，否则，就会被烧死在上边。"说完，菩萨就不见了。

兄弟二人从睡梦中醒来，非常兴奋。他们商量了一下，便启程去了太阳山。一路上，遇到了毒蛇猛兽、狼虫虎豹，并且，天空中狂风大作、电闪雷鸣。兄弟俩咬紧牙关，团结一致，最终战胜了各种艰难险阻，费了好大的劲，终于来到了太阳山。

兄弟俩一看，漫山遍野都是黄金，金光灿灿的，照得人睁不开眼。弟弟一脸的兴奋，望着这些黄金不住地笑，而哥哥却只是淡淡的。

哥哥从山上捡了一块黄金，装在了口袋里，下山去了。弟弟捡了一块又一块，就是不肯罢手。不一会儿整个袋子都装满了，弟弟还是不肯住手。此时，太阳快出来了，可是弟弟却仍在不住地捡。

一会儿，太阳真的出来了，山上的温度也在渐渐地升高。这时，弟弟才慌了神，急忙背着黄金往回跑，无奈金子太重，压得他步履蹒跚，根本就跑不快。太阳越升越高，弟弟终于倒了下去，被晒死在了太阳山上。

哥哥回家后，用捡到的那块金子做本钱，做起了生意，后来成了远近闻名的大富翁。可弟弟却永远留在了太阳山。

感悟

做人一定要知道满足，不可贪得无厌。美好的生活应该靠勤劳的双手去创造，不劳而获的东西得之容易，用之却难——它往往不会带来幸福，只会带来祸害。

欲望太多则会一事无成

有一位禁欲苦行的僧人，准备离开他所住的村庄，到无人居住的山中去隐居修行，他只带了一块布当作衣服，就一个人到山中居住了。

后来他想到当他要洗衣服的时候，他需要另外一块布来替换，于是他就下山到村庄中，向村民们乞讨一块布当作衣服，村民们都知道他是虔诚的僧人，于是毫不考虑地就给了他一块布，当作换洗穿的衣服。

当这位僧人回到山中之后，他发觉在他居住的茅屋里面有一只老鼠，常常会在他专心打坐的时候，来咬他那件准备换洗的衣服，他早就发誓一生遵守不杀生的戒律，因此他不愿意去伤害那只老鼠，但是他又没有办法赶走那只老鼠，所以他回到村庄中，向村民要一只猫来饲养。

得到了一只猫之后，他又想了——"猫要吃什么呢？我并不想让猫去吃老鼠，但总不能跟我一样只吃一些水果与野菜吧！"于是他又向村民要了一只乳牛，这样那只猫就可以靠牛奶维持生活。

但是，在山中居住了一段时间以后，他发觉每天都要花很多的时间来照顾那只母牛,于是他又回到村庄中,他找到了一个可怜流浪汉,于是就带着这无家可归的流浪汉到山中居住,帮他照顾乳牛。

那个流浪汉在山中居住了一段时间之后,他跟僧人抱怨说:"我跟你不一样,我需要一个太太,我要正常的家庭生活。"

僧人想一想也是有道理,他不能强迫别人一定要跟他一样,过着禁欲苦行的生活……

这个故事就这样继续演变下去,你可能也猜到了,到了后来,也许是半年以后或是几年以后,整个村庄都搬到山上去了。

感悟

欲望就像是一条锁链,一个牵着一个,永远都不会满足。我们每个人都有欲望,但欲望太多了,人生就会变得疲惫不堪,更无法静下心来去做真正想做的事。

凡事要有度，一切要适可而止

佛下山游说佛法，在一家店铺里看到一尊释迦牟尼像，青铜所铸，形体逼真，神态安然，佛大悦。佛想：若能带回寺里，开启其佛光并供奉，真乃一件幸事。可店主要价二百两银子，分文不能少，加上见佛如此钟爱它，更加咬定原价不放。

佛回到寺里对众僧谈起此事，众僧很着急，问佛打算以多少钱买下它。

佛说："五十两足矣。"

众僧唏嘘不止："那怎么可能？"

佛说："天理犹存，当有办法，万丈红尘，芸芸众生，欲壑难填，得不偿失啊。我佛慈悲，普度众生，当让他仅仅卖到这五十两！"

"怎样普度他呢？"众僧不解地问。

"让他忏悔。"佛笑答。众僧更不解了。佛说："只管按我的吩咐去做就行了。"

第一个弟子下山去店铺里和老板砍价，弟子咬定四十五两，没有结果，弟子回山。

第二天，第二个弟子下山去和老板砍价，咬定四十两不放，没有结果，弟子回山。

就这样，直到最后一个弟子在第九天下山时所给的价已经低到了二十两。眼见着一个个买主一天天下去、一个比一个价给得低，店主很是着急，每一天他都后悔不如以前一天的价格卖给前一个人了，他深深地怨责自己太贪。到第十天时，他在心里说，今天若再有人来，无论给多少钱我也要立即出手。

第十天，佛亲自下山，说要出五十两买下它，店主高兴得不得了——竟然反弹到了五十两！当即出手，高兴之余另赠佛龛台一具。

佛得到了那尊铜像，谢绝了龛台，单掌作揖笑曰："欲望无边，凡事有度，一切适可而止啊！善哉，善哉……"

感悟

无论做什么事都要有度，这个度就是做事的分寸。尤其在某些欲望面前，更应懂得适可而止的道理。无数事实证明：欲望过度，得到的往往越少。

戒除贪嗔痴恋的欲望，才能获得大自在

从前，有一个人虽然并没有人开示过他，但因为受着世事的折磨，人我是非的困扰，而承受着种种的苦恼。他想：一个人在这个尘世中浮沉，终究能获得什么呢？在这庞大的宇宙中，人微小得仅如恒河中的沙粒，却整日用心在尔虞我诈和相互欺诈上面，最后还不是什么都带不去吗？这种人生究竟有什么意义呢？

然后，他又想：一些修行人的生活，他们是为众生而劳碌着，这是何等的伟大呢？至少修行人是不会被世事尘劳所困扰，而且，他们将来还会有一个解脱的圣果可获得。于是他便离开家庭去做了一个沙门。

做了沙门以后，他每天早起晚睡，认真修学，一点儿不敢懈怠，他把回忆过去的生活和憧憬未来的圣果作为修行的鞭策。可是，时间一年一年地过去了，他还没有证得圣果，难道这些工夫白费了吗？还是我哪里出了错误？他想着竟然怕了起来，千万别因此误入歧途或是着魔了啊。他的心中就产生了退却之念："唉！不如回家去做个凡夫俗子算了，也不必这样苦苦修行，弄得身心劳累。"

正当他打定主意，准备回家的时候，他又犹豫了："成功和失败往往就在一念之间的定夺，这样一走，几年来的勤学苦修，就将付之流水，永远失去悟道的希望；如果再鼓起勇气来努力用功，或许就会取得成就吧！"去与留的念头正在他心中翻腾的时候，触动了山中的树神，树神和他曾经有过一段因缘，于是就想着能不能帮他一下。

树神很为他担心，知道他这样回去会永远轮回于生死的大海，于是便决定用点小神通试试他，说不定能坚定他的意志，助他成就道业。树神便化身为一个美貌的比丘尼，穿上艳丽的衣服，满戴着珍贵的珠宝饰品，扭身弄姿走到修行人的面前来。

修行人很不以为然，正言厉色地责问道："你是个比丘尼，一个出家学道的人，怎可以穿用俗人的衣饰呢？怎可以这般打扮来炫耀人目呢？"

化成比丘尼的树神回答道："这有什么关系呢？衣服，装饰品都是幻化的，脂粉是颜料做的，这有什么可迷恋的呢？原本是假相，就连你的身体不也是这样的吗？现在看来青春健壮，等无常一到，哪儿有正主呢？无相、实相、真如，是不生也不灭，能了知诸法本来如此，证道又有什么困难呢？一个人活在世界上，就像天上的月亮，孤身只影，独来独去，赤身来也赤身去，没有一件东西是真正属于你的；愚痴的众生，在虚幻不实的境界中贪着，迷恋而致自缚。不是境界迷人，实在是人自迷；不是烦恼缠人，而是人找烦恼来自缠啊。"

树神滔滔不绝的一番话，像一阵清凉的雨水浇淋在修道者的心上。他仔细地回想每一句话的意义，终于恍然大悟，心中开阔。他舍却了种种扰人的挂碍，认真修行，终于获得了大自在。

感悟

　　佛说，世间的一切皆是虚空。酒不醉人人自醉，花不迷人人自迷。我们无论是贪嗔痴恋的境地有多深，到头来还是要经历生老病死的自然轮回。佛弟子要想修得阿罗汉果，必然要摒除一切私心杂念，让自己心地纯净。我们平时如果能戒除一些多余的贪嗔痴恋的欲望，就一定能获得一个自在的人生。

没有必要和别人比较

有一个学僧道岫，一心向佛，但他苦心修行了十多年，始终悟不出什么禅理来。眼看着师弟们一个个悟道出师了，而自己却没有多大的进步，仍是大俗人一个，他不由得心急如焚。

道岫心想，自己既不懂得幽默，头脑又不灵活，所以入不了门。他不想再这样苦苦修炼下去，认为不会有什么结果，还是做个苦行僧算了。

于是，道岫打点好行装，决定出去云游。临走前，他来到法堂，向广圄禅师辞行。

道岫跪在广圄禅师的面前，说道："师父，学僧辜负您的教导，自从皈依在您座下，习禅已有十年之久，但却始终悟不出一点东西来。我想，我实在不是一块学禅的料，因此，想到四处云游，特来向您老人家辞行。"

广圄禅师非常惊讶，问道："为什么没有觉悟就要走呢？难道在这里觉悟不出来，到别处就可以觉悟了吗？"

道岫诚恳地禀告道："我每天除了吃饭、睡觉之外，将自己的全部时间与精力都花在参禅悟道上了，这么用功还是不能开悟，我想我和禅可能是无缘吧。看着师弟们一个个都出师了，我心里难受得慌。师父,还是让我去做个苦行僧吧,这样,我心里就会好受一点。"

广圄禅师说道:"别人有别人的境界,你修你的禅道,这本来是互不相干的两回事,为什么非要混为一谈呢?"

道岫非常沮丧,辩解道:"师父,您不知道,我跟师弟们一比,就好像小麻雀见到了大鹏鸟,心里惭愧极了。"

广圄禅师又问道:"那么你说说看,大鹏鸟怎样的大?小麻雀又怎样的小?"

道岫答道:"大鹏鸟轻轻一层翅,就能飞越几百里,而我却无论怎样努力,也只能飞出几丈而已。"

广圄禅师听了他的话,意味深长地说:"大鹏鸟一展翅就能飞出几百里,它能不能飞越生死界限呢?"

道岫禅僧默然不语,收起自己的行李,再也不提云游的事了。

感悟

俗话说,人比人,气死人。其实,我们每个人都是独特的自己,没有必要和别人比较。即使我们某一方面比别人差,也要学会从别的方面找到平衡——也许在另一方面,我们比别人要优秀。更重要的是,做好自己最重要。

少一分所求，就会多一分快乐

精舍中有四个和尚在一起讨论着这世间什么东西最苦。一个说淫欲最苦，另一个说饥渴最苦；一个说怨怒最苦，另一个说恐怖最苦。他们争执不下。佛祖知道了，就来到他们中间问他们为何事争执，四个和尚将所争问题说了一遍，请佛祖评判。

佛祖说："你们所争论的都不是苦的根本。天底下最苦的事情，莫过于不忘肉体之躯。饥渴、寒热、怨怒、色欲、灾祸全都来自于不忘肉体之躯。身体，乃是众苦的根本，患祸的来源。劳心积虑的，忧郁恐惧的，万物蠢蠢欲动，相互争抢甚至仇视为敌的，自我束缚的，都是由于这血肉之躯的缘故。所以，要脱离世间的苦难，就应求得寂灭其身，收心养性，淡泊无想，能得涅槃之境，这才是最为快乐的事情。"

佛祖又讲了一个故事说："过去曾有一个和尚，进山学道，遇到四种鸟兽：鸽子、乌鸦、蛇和鹿，跟随在他的左右。他们白天出来乞讨，晚上回到住处。有一天晚上他们互相询问，世间什么最苦。鸽子说色欲炽烈，使人不顾一世，会招来性命之忧，世间诸苦皆由此来；乌鸦说饥渴之时，身体疲惫，头晕目眩，心神不宁就可能投身网中失去性命；蛇说一旦有所怨恨，便不顾别人和自己的关系是亲是疏，既可能去杀人，也可能会自杀；鹿说自己常常害怕猎人和狼虎猛兽，一旦有声，即惊慌逃窜，所以惊恐最苦。和尚感叹说：'天下最苦是不忘身啊！'"

感悟

依照佛家的理论，天下最痛苦的事情就是忘不了自己的肉体之躯。凡人都有种种的欲望，为了吃饱，穿暖；再为了吃上山珍海味，穿上华丽的衣服；再为了……实际上，多数人只是在为了满足肉体之躯的种种需求而在拼搏劳累。如果我们能够清醒地意识到这一点后，每天少一分所求，也就会多一分快乐。

千休万休总不如一休

一天，有一信徒问一休禅师道："禅师什么法号都好起，为什么要叫'一休'呢？"

一休禅师回答说："一休万事休，有什么不好？"

信徒听了就说："原来一休万事休，很好很好。"

一休禅师又说："其实一休不好，二休才好。"

信徒怀疑地问道："二休怎么好呢？"

一休禅师说："其实生要休，死也要休，生死一齐休，才能了脱生死，所以是烦恼的也要休，涅槃的也要休，二者一齐休。"

信徒听了以后，也能体会出这个道理，就跟着说道："不错！不错！二休才好！"

一休禅师又说："二休以后，要三休才好。"

信徒更加惊奇了："三休怎么好呢？"

一休禅师说："你看你的老婆天天跟你吵架，最好是休吵；做官要奉迎，也很辛苦，最好是休官；为人处事有争执，所以要休争。能够休吵休官休争，这三休才是快乐之道！"

信徒听了以后拍掌称快："不错！不错！三休真好。"

一休禅师又再进一步说:"四休才最好——酒也休,色也休,财也休,气也休,酒、色、财、气四种一齐休,不是最好吗?"

信徒一听,觉得说得确有道理,认为四休最好。

一休禅师又接着说:"四休还不够,要五休才好。人生最苦的就是我们的肚子要吃菜要喝水,所以为了五脏庙,我们每天都要受种种的辛苦。假如把五脏庙一休,统统都没有事了。"

千休万休总不如一休;一休万事休,更莫造怨仇,这就是一休的禅了。

感悟

很多人都怀着郁闷的心情,不知该如何面对各种烦恼。其实,我们不妨尝试"一休万事休"的精神,抛弃眼前的一切烦恼和苦闷,把它们全"休"到九霄云外去。好好地享受当下,简简单单地生活最好。

不属于你的东西，怎么都得不到

从前，有三个人一同做买卖，各分得五千钱，余一钱无法均分，如果分给一人，则不公平；如果破开，则不可能。这一钱如何处置呢？

这时，有一僧人经过此地，三人都有一个共同的想法，将这一钱布施沙门。因为，布施能破贪欲，布施能获得福报。于是，三人异口同声地说："将这一钱布施沙门是最好的办法。"

三人便一同把这一钱恭敬地布施沙门。

沙门领受一钱，并祝三人今世后世同得布施之福报。

三人共同谋生，一同到了罗阅国中，各自都成为了富豪。一人主山中采金矿，所采金皆为纯金，取之不尽，用之不竭；另一人主耕田地，地里挖出黄金，锄头所耕之处，皆出黄金；第三人主水中捞金，入水必得黄金。

这三人拥有黄金累累，仍广行布施，救济贫苦之人，并不断地布施沙门。因前生、今生布施之恩，三人所得黄金无量。

这奇异之事，一传十，十传百，传到了国王耳朵里。国王贪心顿起，心想："我是一国之主，我国所有人、财都应该归我所有。"

国王便命令数百兵将去掠夺黄金。

那数百兵将个个贪婪，都想捞得金钱。可奇怪的是，士兵到山中采金，金便化顽石，一无所获；又到田地里耕挖黄金，锄头所到之处皆为沙土；再到水中捞金，黄金都化为瓦石。那些兵将费了九牛二虎之力，半点儿黄金也没有取到，狼狈而归。

国王大为恼火，便来到佛那里，请伟大的慈悲的佛陀为他开示。

他问佛陀："这三人的金子应该是我的，可为什么我派兵去取而一无所获呢？"

佛微笑，智慧的双目微闭，用宁静的声音回答道："这是三人前世布施沙门所得功德，这不是国王你自己的金银，你不应强取豪夺啊！"

感悟

在这个世界上，属于你的东西，你推也推不掉；不属于你的东西，你怎么也得不到。那么，怎样才能知道是不是属于你的呢？如果你付出努力了，就是你的；没有付出努力，就不是你的。

总想成佛反而成不了佛

南阳慧忠禅师被唐肃宗封为"国师"。有一天，肃宗问他："朕如何可以得到佛法？"

慧忠答道："佛在自己心中，他人无法给予！陛下看见殿外空中的一片云了吗？能否让侍卫把它摘下来放在大殿里？"

"当然不能！"

慧忠又说："世人痴心向佛，有的人为了让佛祖保佑，取得功名；有的人为了求财富、求福寿；有的人是为了摆脱心灵的责问，真正为了佛而求佛的人能有几个？"

"怎样才能有佛的化身？"

"欲望让陛下有这样的想法！不要把生命浪费在这种无意义的事情上，几十年的醉生梦死，到头来不过是腐尸与白骸而已，何苦呢？"

"哦！如何能不烦恼不忧愁？"

慧忠答："您踩着佛的头顶走过去吧！"

"这是什么意思？"

"不烦恼的人，看自己很清楚，即使修成了佛身，也绝对不会自认是清净佛身。只有烦恼的人才整日想摆脱烦恼。修行的过程是心地清明的过程,无法让别人替代。放弃自身的欲望,放弃一切想得到的东西,其实你得到的将是整个世界!"

"可是得到整个世界又能怎么样?依然不能成佛!"

慧忠问:"你为什么要成佛呢?"

"因为我想像佛那样拥有至高无上的力量。"

"现在你贵为皇帝,难道还不够吗?人的欲望总是难以得到满足,怎么能成佛呢?"

感悟

欲望永远无法获得满足,是因为欲望的繁殖力很强。人的烦恼来自不合理的欲望,内心能不受欲望的冲激与勾引,烦恼自然会减少。战胜欲望才能称为自由人,也才能成佛。

只要心中有禅，天地之间皆为禅院

这是一个老和尚和一个小和尚的故事。

一天，小和尚坐在地上哭，满地都是写了字的废纸。老和尚问："怎么啦？"

小和尚沮丧地说："总也写不好。"

老和尚捡起几张看："写得不错嘛，为什么要扔掉？又为什么哭？"

"我就是觉得不好。"小和尚继续哭，"我是完美主义者，一点都不能错。"

"问题是，这世界上有谁能一点都不错呢？"

老和尚拍拍小和尚接着说："你什么都要完美，一点不满意，就生气，就哭，这反而是不完美了。"

于是，小和尚把地上的字纸捡起来，先去洗了手；又照镜子，又去洗了脸；再把裤子脱下来，洗了一遍又一遍。

老和尚问："你这是在干什么啊？你洗来洗去，已经浪费半天时间了。"

"我有洁癖！"小和尚说，"我容不得一点脏，您没发现吗？

每个施主走后,我都把他坐过的椅子擦一遍。"

"这叫洁癖吗?"师父笑笑问道,"你嫌天脏,嫌地脏,嫌人脏,外表虽然干净,内心反而有病,是不洁净了。"

小和尚要去化缘,特别挑了一件破旧的衣服穿。"为什么挑这件?"师父问。

"您不是说不必在乎表面吗?"小和尚有点不服气,"所以我找件破旧的衣服。而且这样施主们才会同情,才会多给钱。"

"你是去化缘,还是去乞讨?"师父瞪大眼睛,"你是希望人们看你可怜,供养你?还是希望人们看你有为,透过你度化千万人?"

老和尚圆寂了,小和尚成为住持。他总是穿得整整齐齐,拿着医药箱,到最脏乱贫困的地区,为那里的病人洗脓、换药,然后脏兮兮地回山门。他也总是亲自去化缘,但是左手化来的钱,右手就济助了可怜人。他很少待在禅院,禅院也不曾扩建,但是他的信众愈来愈多,大家跟着他上山、下海,到最偏远的山村和渔港。

小和尚说:"师父在世的时候,教导我什么叫完美,完美就是求这世界完美;师父也告诉我什么是洁癖,洁癖就是帮助每个不洁的人,使他洁净;师父还开示我,什么是化缘,化缘就是使人们的手能牵手,彼此帮助,使众生结善缘。至于什么是禅院,禅院不见得要在山林,而应该在人间。南北西东,皆是我弘法的所在;天地之间,就是我的禅院。"

感悟

关于禅，唐代大禅师慧能的说法是，禅，无名无字，无眼无耳，无身无意，无言无示，无头无尾，无内无外，亦无中间，不去不来，非有非无，非因非果。事事皆禅，处处皆禅。心中只要有禅，天地之间，皆是禅院。

第四篇
改变别人，不如改变自己

佛说，改变别人，不如改变自己。改变别人很难，还会招惹是非，所以不如改变自己。改变自己很容易，有时只需要转变一下观念即可。对于环境而言，也是如此。如果不能改变环境，不如改变自己，以适应环境。改变自己，是一种变通的大智慧。

不要把自己变成自己的囚徒

　　一个年轻人在他二十五岁时被人陷害，致使他在牢房里呆了十年，后来冤案终于告破，他得以走出监狱。

　　出狱后，他开始日复一日地反复控诉着，咒骂着："我真不幸啊，在最年轻有为的时候竟遭受冤屈，我最美好的一段时光却是在监狱里度过的。那样的监狱简直不是人居住的地方，狭窄得连转身都困难。唯一的细小窗口里几乎看不到星点灿烂的阳光，冬天寒冷难忍；夏天蚊虫叮咬……真不明白，佛祖为什么不惩罚那个陷害我的家伙，即使将他千刀万剐，也难以解我心头之恨啊！"

　　七十五岁那年，就在这样终日咒骂中，他终于卧床不起。

　　弥留之际，佛祖来到他的床边："可怜的孩子，在你临终之前，忏悔你在人世间的一切罪恶吧……"

　　佛祖的话音刚落，病床上的他声嘶力竭地叫喊起来："我没有什么需要忏悔，我需要的是诅咒，诅咒那些施予我不幸命运的人，还有不惩罚恶人的佛祖……"

　　佛祖问："你因受冤屈在监狱呆了多少年？离开监狱后又生活了多少年？"

他恶狠狠地将数字告诉了佛祖。

佛祖长叹了一口气:"可怜的人,你真是世上最不幸的人,对你的不幸,我真的感到万分同情和悲痛!他人只囚禁了你区区十年,而当你走出监牢本应获取永久自由的时候,你却用心底里的仇恨、抱怨、诅咒囚禁了自己整整四十年!"

感悟

许多事情或许让我们感到愤恨难平,然后不断抱怨,也在不断地折磨自己。何必为难自己呢?宽恕别人,就是给自己松绑;宽恕别人,也是给自己一个获得自由的机会。

年少不努力，到老会吃苦

　　有一天清晨，佛陀与尊者阿难衣着整齐，手持食钵，一同入舍卫城乞食。在城里的时候，他们见到有一对年纪很老的夫妇，衣衫褴褛，牙齿已经掉落，头发花白，脊背也已经弯得像弓一样，拄着拐杖，双双在城里的大街小巷的垃圾焚烧池旁，找寻食物，围火取暖。远望过去，只见二人犹如两只瑟缩在沼泽池边的老鹳雀，但二人互相对视时，眼神里却又充满了贪婪的欲望。

　　佛陀就向尊者阿难说道："那两位愚痴老迈的夫妇，犹如两只鹳雀般弓背颤抖，但是当他们互相望着时，你看见了他们眼内的贪婪欲望了吗？""是的，我都看见了，世尊！"尊者阿难回答道。

　　佛陀就对阿难说道："这一对老夫妇，如果他们在少年盛壮的时候，能够勤求财物的话，现在可能已经是舍卫城的首富了。又或者，如果他们那时能够剃除须发，出家修习清净梵行，精勤修学的话，或者现在就已经体证了最殊胜第一的阿罗汉果了。其次，假如他们能够在青年盛壮时期，或者中年时期，以至壮年之身，努力工作，勤求财物的话，现在也可能成为舍卫城中第二富者，或第三富者，或第四富者。但是阿难，你看他们的一生都没有做好俗家人在世间应做的事情，也没有出家修习清净梵行，以至蹉跎了大好岁月，现在已经很老了，身体四肢已经退化，弄得现在既没有钱财，又没有谋生知识，什么都不懂，没有谋求钱财的技能，也没有好好修习福德智慧，以至虚度了一生的光阴。"

最后，佛陀感慨地说："年少的时候不好好修习清净的梵行，不学习谋生的技能，又不积聚财宝，就好像那老鹳雀，空自在池边徘徊。由于他没有努力拼搏，只是随着自己的喜好过日子，以至老了仍要吃苦受穷。"

感悟

年轻时不努力拼搏，年纪大了后就只能徒然地悲伤。光阴似箭，岁月如梭，我们一定要珍惜现在的时光，奋发有为，努力进取。这样才能老有所获，老有所终，也不会因为当初没有好好努力而后悔。

与其无聊地争论，不如去做点实事

甲和乙总爱在一起争论，为了一点小事情他们常常争得面红耳赤。加上这两个人都喜欢耍一点小聪明，死钻牛角尖，总是谁也说服不了谁。

一天，甲问乙："用铜铸成钟，用木头做成棒槌来敲打铜钟，钟就会发出洪亮的声音。你说这声响是由木头引起的呢，还是由铜引起的呢？"

乙想了想说："这还用问吗？当然是由铜引起的。"

甲说："何以见得是铜引起的呢？"

乙说："如果用木槌去敲打墙壁，就不会有这铿锵的声响。敲打铜钟就发出这洪亮的声响，可见这声响是由铜发出的。"

甲不同意乙的看法，他说："我看不是铜引起的声响。"

乙问道："那你又凭什么说不是铜引起的呢？"

甲说："你看，如果用这木槌去敲堆积着的铜钱，就听不到什么声响。这铜钱不也是铜吗？它怎么就不发出声响呢？"

乙反驳说："那些铜钱堆积在一起，是实心的，当然没有声响。钟是空的，这声音是从空心的器具中发出的。"

甲又不同意乙的说法，甲说："如果用泥或木头做成钟，就不会发出声音来。你还能说声音是从空心的器具中发出来的吗?"

……

甲和乙就这样没完没了地争个不休,到底声音是从哪里发出来的,他们终究也没理出个头绪来。

这时,一个禅师经过,二人让禅师给评评谁对。禅师听后说:"你俩都错了,与其把时间花在无聊的争论上,不如去做点实事。"

感悟

有的人喜欢同别人争论问题,喜欢同别人抬杠,借以显示自己的能耐,其实这些问题都是些很无聊的问题,即使赢了,也没有什么可以炫耀的。与其把时间花在无聊的争论上,不如去做点实事,这样才有意义。

挥挥手，凡事不过一念间

两个不如意的年轻人，一起去拜望师父："师父，我们在办公室被欺负，太痛苦了，求你开示，我们是不是该辞掉工作？"两个人一起问。

师父闭着眼睛，隔半天，吐出五个字："不过一碗饭。"就挥挥手，示意年轻人退下了。

才回到公司，一个人就递上辞呈，回家种田，另一个什么也没动。

日子真快，转眼十年过去了。回家种田的以现代方法经营，加上品种改良，居然成了农业专家。另一个留在公司的，也不差，他忍着气，努力学，渐渐受到器重，成了经理。

有一天两个人遇到了。

"奇怪，师父给我们同样'不过一碗饭'这五个字，我一听就懂了。不过一碗饭嘛，日子有什么难过？何必硬在公司，所以我才辞职。"农业专家问另一个人，"你当时为何没听师父的话呢？"

"我听了啊，"那经理笑道，"师父说'不过一碗饭'，多受气，多受累，我只要想不过为了混碗饭吃，老板说什么是什么，少赌气，少计较，就成了，师父不是这个意思吗？"

两个人又去拜望师父，师父已经很老了，仍然闭着眼睛，隔半天，答了五个字："不过一念间。"然后挥挥手……

感悟

人生有时就是很奇怪，很多事情在一开始就已经决定了结局，这完全是当时的一念之间的认识所造成的。所以，在遇到决定命运的大事时，不要仓促做决定，应该多想想。

心中有佛光者，方为至聪至慧者

有一个老和尚到了垂暮之年，想把自己的衣钵传给一个弟子。在他的众多弟子中有三人悟禅极深，老和尚一时难以选择谁为传人。

一个暮色苍茫的傍晚，老和尚自感寿命将止，到他决定继承人的时候了。他叫来三个弟子吩咐他们出去各买一样东西，看谁买的东西既便宜又能塞满禅房。

老和尚给了弟子们各人一枚铜钱后，有两个弟子出去了，可是另外一个弟子却端坐在老和尚身边打禅，没有行动。

不久，有一个弟子回来了。他告诉老和尚，他已买了几车干草，足可以填满禅房了。老和尚听后，摇头蹙眉，非常失望。

接着，另一个弟子也回来了。只见他从袖子中取出一支蜡烛，然后把蜡烛点燃。老和尚见状，口念："阿弥陀佛"，脸上露出了非常满意的神色。

这时，老和尚把目光盯向了他身旁的弟子。只见那弟子起身，将铜钱还给了老和尚，双手合十说："师父，我买的东西就要来了！"说完，他吹熄蜡烛，禅房一片黑暗，那弟子将手指向门外说："师父请看，弟子买的东西已经来了——"师徒都向门外看去，只见东半边天上，一轮满月刹那间从地平线上跃出，冉冉升起。金色的月光照进禅房，禅房里洒满光辉，一片通明。

老和尚惊讶得半晌无语，禅房里一时寂静异常。许久，老和尚才问打禅的弟子："你何以想到此法？"

弟子双掌合十说："干草固然能装满禅房，但却使禅房不洁而黑暗；虽价廉而实平庸所为；蜡烛小如手指，不值一文，然烛光能充盈禅房，买烛者非上智而不能为也！"

弟子沉吟片刻，神情肃穆，继续道："月光既出，玉宇澄清，月光可谓九天中最无价之物！月明则天明，天明则地明，天明地明则心明；然佛明我心，可见月光乃我佛也；今我不取一文得我佛，只因我心中有佛光！"

老和尚闻言，脱下袈裟披在打禅的弟子身上："你心中的佛光，乃上智中之至聪至慧者也！"

感悟

心中的佛光，诚如我们生活中的快乐、幸福，乃至一切的真、善、美……只有心中装有快乐、幸福，生活就会像月光一样毫无保留地普照，我们才会远离烦恼、忧愁、沮丧、消极……佛光会将最沮丧的心情放开，包容所有的消沉与琐碎的日子。你会发现，原来生活可以如此简单地过……佛与我们同在。

打破思维定势，才能有所突破

有一位禅师写下两句话，要弟子们参研，那两句话是："绵绵阴雨二人行，怎奈天不淋一人。"

弟子们看了这题目，便纷纷议论了起来。

第一个弟子说："两个人走在雨地里，有一个人却没淋到雨，那是因为他穿了雨衣。"

禅师对于这个解释不予置评，只是缓缓地摇着头。

于是另外一个弟子说："那是一个局部阵雨，一边下着雨，一边没雨，这种景观虽不常见，但也不算罕见。所以俩人走在雨地里，才会一个淋不到雨，那是因为他走在没有下雨的这边。"说毕，他望向禅师。

禅师仍旧默然不语。

于是，第三个弟子便得意地说："你们都错了！什么穿雨衣，局部阵雨。"他嗤之以鼻地继续说道："都太牵强了，其实道理很简单，一定是有一个走在屋檐下，所以才没淋到雨。"说罢，他洋洋自得地准备接受赞赏。

禅师微笑着看看他，然后对弟子们说："你们都执著于'不淋一人'这一点上，但却钻入了牛角尖。其实，所谓的'不淋一人'，不就是两个人都在淋雨吗？"

感悟

思考问题时，不要一味地只在表面上转来转去，更不要死钻牛角尖，这样只会离题越来越远；要从多个不同的角度思考问题，学会打破自己的思维定势，只有这样，才能有所突破。

"无"就是没有，没有则是无法战胜的

道树禅师为了弘扬博大的佛法，在道观旁边建了一所寺院，道士们当然难以容忍这个佛寺在他们身边存在，总是想着要除去这个眼中钉。于是这些道士们每天变一些妖魔鬼怪来扰乱寺里的僧众，他们呼风唤雨，电闪雷鸣；让夜晚不再来，让白天的时候天上挂着繁星。种种奇怪的现象把不少年轻的和尚都吓走了。可是，道树禅师却不为所动，一直坚持在那里住了十多年。最后，道士们所有的法术都已经用过了，实在是没有办法，只好沮丧地去别处寻找安身之处了。

有个人不解地问道树禅师："道士的法术那么高强，你是怎么战胜他的呢？难道你有比他更强的法术吗？"

道树禅师回答说："他们的法术是很强，我没有什么能胜他的法术，只有'无'字能让我战胜他们。"

那个人又问："人都说佛法无边，'无'真的有那么厉害吗？"

道树禅师说："他们的法术尽管厉害，厉害就证明他们有，有就必定有尽头，有尽头就有量，有量就有边；我没有任何法术，无就是无限，无限则无尽，无尽则无量，无量则无边；我

以不变应万变,'无变'当然会胜过'有变'了。"

感悟

　　"无"指的是虚空,就是指没有。凡是有的东西,它就一定有界限,而"无"则是"空",是无穷大,是没有任何界限的,所以它就成了无限。当我们把心中清空,让它变成无穷大,那我们也就能真正地静下心来,求得心如止水的境地,那么无论任何事情我们也都能放得下了。

生活中处处有禅法

在日本，任何游方僧人想要留宿寺院，必须要参加一场法战。所谓法战，也就是指双方进行的一个小辩论。而且只有在法战中获胜，取得寺主的首肯，才能留宿寺院。

某寺住有师兄弟二人，师兄博学多闻，师弟不仅根机愚昧，而且还有一目失明。

一天，有一游方和尚，来到了这个寺院中想投宿一晚，依规矩应当辩论上乘义理。恰好这天，师兄因为读经太多，身体疲乏，便让师弟去应对来僧，与来僧法战，并嘱咐师弟以"无言对答"来回答来僧的问题。

于是，师弟便与来僧同到法堂坐定，开始法战。

不久，就见来僧起立，走进大师兄的禅房，说道："大师弟果是法将，学人已被击败，特来告辞！"

大师兄于是说道："试将经过道来！"

来僧说道："首先，我竖一指，表示大觉世尊，人天无二；他就竖起两指，表示佛、法二者，一体两面，是二而一。之后，我竖三指，表示佛、法、僧三宝，和合而住，缺一不可；他就在我面前捏起拳头，表示三者皆由一悟而得。至此，我已技穷，无法再战。因此，他赢我输，只得离去！"

来僧走后不久，师弟追到大师兄的禅房，问道："刚才那秃驴躲到哪里去了？"

师兄说道："我知你已赢他，恭喜师弟了。"

师弟气哼哼地说："什么也没赢，我要揍他一顿！"

师兄不解地说："这是怎么回事？"

师弟解释道："哼！他向我瞧了一眼，接着就竖起一指，讽刺我只有一只眼睛！我因他是来客，必须礼貌，所以就竖起两指，表示他有两只眼睛，非常幸运。谁知这秃驴无礼，竟然举起三只指头，暗示我们两个人只有三只眼睛！你说气不气人！因此我举起拳头，正要好好揍他一顿，谁知这个软蛋拔脚就向你这边逃来！"

感悟

禅法，就是用禅之道。懂得了禅法，就会知道，有时一句话或几句话就能胜过别人的千言万语，甚至，有时无声的答复更能体现绝顶的智慧。如果在生活中学会使用禅法，一定会处处遍开智慧之花。

成功来自于忍耐一刀一锉的雕凿

在很久以前,某座城市里建起了一座规模很大的寺庙,建好之后,善男信女们便祈求西天的佛祖给他们送来一个最好的雕刻师来雕刻一尊佛像。

于是如来便派来一个精于雕刻的罗汉幻化成一个雕刻师来到人间。雕刻师在两块准备好的石料中选了一块质地最上乘也最有灵性的石头,开始了工作,可是,没有想到他才拿起凿子刚凿了几下这块石头便喊起痛来。雕刻的罗汉劝它说:"不经细细的雕凿,你将永远都是一块不起眼的石头,还是忍一忍吧!"石头答应了,可是,等到他的凿子一落到石头身上,它依然哀嚎不已:"痛死我了,痛死我了。求求你,饶了我吧!"

雕刻师只好停止了工作。于是就选了那块质地远不如它的粗石头重新雕起。虽然这块石头的质地较差,但它感到自己能被雕刻师选中而从内心感激不已,它更对自己将被雕成一尊精美的雕像深信不疑。所以,任凭雕刻师的刀琢斧敲,它都默然不响地坚忍承受。而雕刻师呢?因为知道这块石头的质地差些,为了展示自己的艺术,他工作得更加卖力,雕凿得更加精细,不久,一尊肃穆庄严、气魄宏大的佛像赫然立在人们的面前,大家惊讶之余，很快就将它安放到了神坛上。

这座庙宇的香火非常的鼎盛，日夜香烟缭绕，天天人流不息。为了方便日益增加的香客，那块怕痛的石头被人弄去填坑筑路了。由于当初承受不了雕凿之苦，现在只得忍受人来车往、频繁碾过的痛苦。看着雕像安享人们的膜拜，内心里总觉得不是滋味。有一次，它愤愤不平地对路过此处的佛祖说："佛祖啊，你太不公平了！你看那块石头的资质比我差得多，如今却享受着人间的礼赞尊崇，而我却每天遭受凌辱践踏，日晒雨淋，你为什么要这样的偏心啊？"佛祖微微一笑说："质地也许会给你带来人们偏爱的幸运，但成功确是来自一刀一锉的雕凿啊！你受不了雕凿之苦，最后只能得到这样的命运啊！"

感悟

人生在世，生与死较，利与害权，福与祸衡，喜与怒称，小之一身，大之国家天下，都离不开忍。成大业要忍，谋生存要忍，保平安要忍，解困境更要忍。不经千锤百炼，怎能坚硬如钢？害怕艰苦挑战的人，是经不住风雨考验的。那些逃避困难的人，始终不会有所成就。

有些事是急不得的，需要耐心等待

有一次，佛陀和他的侍者走在路上。

中午的时候，佛陀饥渴难耐，便对侍者说："刚才我们不是经过一条小河吗？你去弄些水来喝。"

于是，侍者拿着容器去盛水。路不远，他一会儿就找到了。可他刚到那里，就有一队商人骑着马从那条小溪经过，溪水被他们弄得浑浊不堪，根本不能喝！

于是侍者转身回去，告诉佛陀："溪水被那些商人弄脏了，不能喝，还是重新找条小溪吧！我知道前面就有一条小溪，而且溪水非常清澈，离这里也不远，两个时辰就能到。"

佛陀说："我们离这条小溪近，而且我现在口渴难耐，为什么还要再走两个时辰的路，去找前面的那个小溪呢？你还是到刚才的那个小溪吧。"

侍者满脸不悦地拿着容器又去了，他心想："刚才不是看了嘛！水那么脏，怎么能喝呢？现在又让我去，这不是白白浪费时间吗？"

他决定不去了，转身对佛陀说："我都告诉你了，溪水已经弄脏了，你为什么还要我白跑一趟呢？"

佛陀什么也没有向他解释，说道："做事一定要有耐心！等一会儿你就知道了。你现在要做的只是顺从，你肯定不会白跑的！"

侍者只好又去了，可当他再次来到小溪边的时候，却看到溪水是那么的清澈、纯净，泥沙早已经不见了。

感悟

在我们的人生中，有许多事是急不得的，是需要有耐心去等待的。只要有足够的耐心，总能得到自己想要的东西，当然，还需要我们付出行动。

忍是化解纠纷、感化他人的大智慧

从前，在日本有位年轻人，脾气很暴躁，容易发怒，还常跟别人打架。因此，他周围的人都不喜欢他。

有一天，这位年轻人无意中游荡到大德寺，碰巧听到一休禅师正在说法。他听完后发誓痛改前非，于是对一休禅师说："师父！我以后再也不跟人家发生口角了，也不跟人家打架了，免得人见人烦。就算是别人往我脸上吐口水，我也只是忍耐着擦去，默默地去承受！"

一休禅师听了年轻人的话，笑着说："这何必呢？就让唾沫自己干了吧，何必去擦掉呢？"

年轻人听了，有些惊讶，于是问一休禅师："那怎么可能呢？为什么要这样忍受啊？"

一休禅师说："这没有什么能不能忍受的，你就把它当作是蚊虫之类停在脸上，不值得与它打架或者骂它，虽然被吐了唾沫，但并不是什么侮辱，就微笑着接受吧！"

年轻人问："如果对方不是吐吐沫，而是用拳头打过来时，那可怎么办呢？"

一休禅师回答："这不一样吗？不要太在意，只不过一拳而已！"

　　年轻人听了，认为一休禅师说的话实在是没有道理，终于忍耐不住，忽然举起拳头，向一休禅师的头上打去，并问："和尚，现在怎么办？"

　　一休禅师非常关切地说："我的头硬得像石头，没什么感觉，倒是你的手大概打痛了吧？"

　　轻轻人愣在那里，无话可说了，因为他的拳头实在是很痛。在这一刻，他终于懂得了忍的真谛。

　　从此以后，这位年轻人改掉了自己的坏脾气，变得很谦和，周围的人也都慢慢地和他交往了起来。

感悟

　　有句话说得好："忍他人之不能忍，方为人上之人。"忍是磨炼自己、成就自己的必修之课。小忍可以避免争端，大忍可以大事化小，小事化了。忍是一种高深的处世之道，更是化解纠纷、感化他人的大智慧。

做什么样的人，全由自己来选择

一天，释迦牟尼佛坐在王舍城的竹林精舍里，出去托钵的弟子们陆陆续续地回到精舍，一个个威仪具足，神态安详。弟子们静静地走到水池旁边，洗去沾在脚踝上的尘土，然后端端正正地坐在坐具上，等待佛陀的开示。

佛陀结金刚座，慈祥地说："世界上有四种马：第一种是良马，主人为它配上马鞍，套上辔头，它能日行千里，快速如流星。尤其可贵的是，当主人一扬起鞭子，它一见到鞭影，便知道主人的心意，迟速缓急，前进后退，都能够揣度得恰到好处，不差毫厘。这是能够明察秋毫的第一等良马。

"第二种是好马，当主人的鞭子抽过来的时候，它看到鞭影，不能马上警觉。但是等鞭子扫到了马尾的毛端时，它也能知道主人的意思，奔驰飞跃，也算得上是反应灵敏、矫健善走的好马。

"第三种是庸马，不管主人多少次扬起鞭子，它见到鞭影，不但毫无反应，甚至皮鞭如雨点般地抽打在皮毛上，它都无动于衷，反应迟钝。等到主人动了怒气，鞭棍交加打在它的肉躯上，它才能开始察觉，顺着主人的命令奔跑，这是后知后觉的庸马。

"第四种是驽马，主人扬鞭之时，它视若无睹；鞭棍抽打在皮肉上，它仍毫无知觉；直至主人盛怒之极，它才如梦方醒，放足狂奔，这是愚劣无知、冥顽不化的驽马。"

佛陀说到这里，突然停顿下来，眼光柔和地扫视着众弟子，看到弟子们聚精会神的样子，心里非常满意，继续用庄严而平和的声音说："弟子们！这四种马好比四种不同的众生。第一种人听闻世间是否有无常变异的现象，生命有陨落生灭的情境，便能悚然警惕，奋起精进，努力创造崭新的生命。好比第一等良马，看到鞭影就知道向前奔跑，不必等到死亡的鞭子抽打在身上，而丧身失命后悔莫及。

"第二种人看到世间的花开花落，月圆月缺，看到生命的起起落落，无常侵逼，也能及时鞭策自己，不敢懈怠。好比第二等好马，鞭子才打在皮毛上，便知道放足驰骋。

"第三种人看到自己的亲族好友经历死亡的煎熬，肉身坏灭，看到颠沛困顿的人生，目睹骨肉离别的痛苦，才开始恐怖惊惧，善待生命。好比第三等庸马，非要受到鞭杖的切肤之痛，才能幡然省悟。

"而第四种人当自己病魔侵身，四大离散，如风前残烛的时候，才悔恨当初没有及时努力，在世上空走了一回。好比第四等驽马，受到彻骨彻髓的剧痛，才知道奔跑。然而，一切都为时过晚了。"

弟子们此时皆已悟道，闭目冥想，自省自身。

感悟

　　做个积极主动的人，还是做个消极被动的人，全由我们自己来决定。前者是自己的主人，后者是别人的奴隶。

求人不如求己，靠自己度自己

有一个佛教的信徒在屋檐下躲雨，看见一位禅师正撑伞走过，于是就喊道："禅师！佛法不是讲求普度众生吗，度我一程如何？"

禅师道："我走在雨里，你躲在屋檐下，这里有雨，而檐下无雨，何必需要我度你呢？"

信徒听禅师这样说，立刻走出屋檐，站在雨中："现在我也在雨中了，应该可以度我了吧？"

禅师说道："我也在雨中，你也在雨中，我没有淋雨是因为我带伞了，而你淋雨是因为没有带伞。准确地说，不是我度你，而是伞度你。如果要度，不必找我，请自找伞吧！"

那信徒站在雨中被淋得浑身湿透，他说："不愿意度我就早说，何必绕这么大的圈子，我看佛法讲求的不是'普度众生'而是'专度自己'！"

禅师听了不但没有生气，反而心平气和地说："想要不淋雨，就要自己找伞。真正悟道的人，是不会被外物干扰的。雨天不带伞，一心只想着别人肯定会带伞，肯定会有人帮助自己的，这种想法最是害人。总想着依赖别人，自己不肯努力，到头来必定是什么也不能得到。本性是人生来就有的，只不过有的人还没有找到，平时不去寻找，只想依靠别人，不肯利用自己潜在的资源，只把眼光放在别人身上，这样怎么能够取得成功呢?"

感悟

自性自度，求人不如求己，佛理如此，生活和工作也是如此。当遇到难题时，不要寄希望于他人的救助，而应靠自己的努力去解决。

最优秀的人就是你自己

清源禅师在临终前有一个不小的遗憾——他多年的得力助手，居然在半年多的时间里没能给他寻找到一个最优秀的闭门弟子。

事情是这样的：清源禅师在风烛残年之际，知道自己时日不多了，就想考验和点化一下他的那位平时看来很不错的助手洞山。他把洞山叫到床前说："我的蜡所剩不多了，得找另一根蜡接着点下去，你明白我的意思吗？"

"明白，"洞山赶忙说，"您的思想光辉是得很好地传承下去……"

"可是，"清源禅师慢悠悠地说，"我需要一位最优秀的承传者，他不但要有相当的智慧，还必须有充分的信心和非凡的勇气……这样的人选直到目前我还未见到，你帮我寻找和发掘一位好吗？"

"好的，好的。"洞山很温顺很尊重地说，"我一定竭尽全力地去寻找，以不辜负您的栽培和信任。"

清源禅师笑了笑，没再说什么。那位忠诚而勤奋的助手，不辞辛劳地通过各种渠道开始四处寻找了。可他领来一位又一位，总被清源禅师一一婉言谢绝了。有一次，当洞山再次无功而返地回到清源禅师病床前时，病入膏肓的清源禅师硬撑着坐起来，抚着洞山的肩膀说："真是辛苦你了，不过，你找来的那些人，其实还不如你……"

"我一定加倍努力，"洞山言辞恳切地说，"找遍城乡各地，找遍五湖四海，我也要把最优秀的人选挖掘出来，举荐给您。"

清源禅师笑笑，不再说话。

半年之后，清源禅师眼看就要告别人世，最优秀的人选还是没有眉目。洞山非常惭愧，泪流满面地坐在病床边，语气沉重地说："我真对不起您，令您失望了！"

"失望的是我，对不起的却是你自己。"清源禅师说到这里，很失意地闭上眼睛，停顿了许久，才又不无哀怨地说："本来，最优秀的就是你自己，只是你不敢相信自己，才把自己给忽略、耽误、丢失了……其实，每个人都是最优秀的，差别就在于如何认识自己、如何发掘和重用自己……"话没说完，一代禅师就永远离开了他曾经深切关注着的这个世界。

洞山非常后悔，甚至后悔、自责了整个后半生。

感悟

为了不重蹈那位助手的覆辙，每个向往成功者，都应该牢记清源禅师的这句至理名言："最优秀的就是你自己！"古人云："高山平地有黄金，只恐为人无信心。""知人者智，自知者明；胜人者力，自胜者强。"充分的自信，能使平凡的人做出惊人的业绩。"

品德上的破绽需要加强修养来修补

有一位师父，凡遇徒弟第一天进门，必须安排徒弟做一例行功课——扫地。过了一些时辰，徒弟来禀报，地扫好了。

师父问："扫干净了？"

徒弟回答："扫干净了"

师父不放心，再问："真的扫干净了？"

徒弟想了想，肯定地回答："真的扫干净了。"

这时，师父便沉下脸说："好了，你可以回家了。"

徒弟很奇怪为什么师父也不去检查就不要自己了呢？

原来，这位师父事先在屋子的犄角旮旯处悄悄丢下了几枚铜板，看徒弟能不能在扫地时发现。大凡那些心浮气躁或偷奸耍滑的后生，都只会做表面文章，是不会认真地去扫那些旮旯处的，因此也不会捡到铜板交给师父的，如果他掩藏了铜板不交给师父，那破绽就更大了。

感悟

衣服上的破绽，需要缝补；而一个人品德上的"破绽"，同样需要修补，只是需要通过加强修养来修补。只有时时处处严格要求自己,才能使自己的道德品质完善。作为生活中的凡人,我们不奢望当圣人,但我们要尽力做一个高尚的人,负责任的人,认真的人,勇敢坚强的人,品行无"破绽"的人。

自己的命运是由自己掌握的

　　一天，小沙弥一脸难过地跑去找老和尚，向老和尚诉苦："师父，小土豆他们一群人在讨论什么……什么'操之在我'，我听不懂。"

　　老和尚就宽慰小和尚说："别难过，我说个故事给你听听。有一天，地狱里的赵判官到了阳间，跟甲乙两个员外说：你们两个寿命都只剩下三个月，三个月之后，我会到你们府上摇铃，在铃声中你们将随我而亡！"

　　"啊！那后来呢？"

　　"甲员外回到府里，望着自己的财宝，每天茶不思，饭不想。乙员外却觉得反正他的万贯家财也快用不到了，于是开始为乡里造桥铺路，济贫救困。"

　　"结果呢？"

　　"三个月很快就到了！赵判官来到甲府，甲员外早就因为忧郁而非常衰弱，赵判官还没摇铃，甲员外就倒地过世了。而乙员外，因为做了许多善行，村民都来感谢他，一时之间门庭若市，热闹不已，结果呢？任凭赵判官的铃摇得再响，他也没听见。于是，乙员外自在地活了下去。"

"嗯，我懂了！不要因一点不如意的小事情，就心情烦闷，也不必因为人家的一句赞美，就高兴半天，这就是'操之在我'。"

"你只说对了一部分。人生的前途、得失、苦乐都掌握在自己的手中，不由他人，这就是'操之在我'的道理！"

感悟

有的人在生活中遇到不如意的地方时，就开始怀疑自己的命运，怀疑自己的人生；接着就开始变得迷茫，开始动摇不前。其实，积极的人生态度应是：自己掌握自己的命运，自己做自己的主人。别人是左右不了我们的命运的，在我们最困苦的时候，别人能给我们的也只是外界物质上或精神上的帮助，而实际上真正能让我们站起来的，还是我们自己。

第五篇
行善是对自己良心的交代

佛说,行善是对自己良心的交代。

行善能富足心灵,行善能积福德,行善即是在修行,所以行善也是人生的大智慧。诸恶莫作,众善奉行。善有善报,恶有恶报。一个人若能常常发善心做善事,福报自然来。

有慈悲之心的人最有魅力

有位女施主家境很富裕，无论其财富、地位、能力、权力，还是漂亮的外表，都没有人能够比得上她，但她却还是郁郁寡欢，连个谈心的人也没有。于是她就去请教无德禅师，询问如何才能具有魅力以及赢得别人的喜爱。

无德禅师告诉她："你能随时随地和各种人合作，并具有和佛一样的慈悲胸怀，讲些禅话，听些禅音，做些禅事，用些禅心，那你就能成为有魅力的人。"

女施主听后，发问："禅话怎么讲呢？"

无德禅师回答："禅话，就是说欢喜的话，说真实的话，说谦虚的话，说利人的话。"

女施主又问："请问禅音怎么听呢？"

无德禅师回答："禅音就是化一切音声为微妙的音声，把辱骂的音声转为慈悲的音声，把毁谤的声音转为帮助的声音，哭声闹声，粗声丑声，你都能不介意，那就是禅音了。"

女施主再问："那请问禅事怎么做呢？"

无德禅师回答："禅事就是布施的事，慈善的事，服务的事，合乎佛法的事。"

女施主更进一步问:"禅心是怎样的呢?"

无德禅师回答:"禅心就是包容一切的心。"

女施主听了之后,一改从前的骄气,在人前不再夸耀自己的财富,不再自恃自我的美丽,对人总谦恭有礼,对眷属尤能体恤关怀,不久就被夸为"最具魅力的施主"了。

感悟

财富、地位、能力、权力和漂亮的外表,只是一个人的外在条件,这些外在条件固然重要,但真正能使我们赢得别人喜爱的,却是我们的心灵。要想成为一个具有人格魅力的人,就要拥有一颗慈悲的心,一颗包容一切的心。

爱心才是真正的无价之宝

足利将军邀请著名的一休禅师到家里用茶，热情地拿出家里的所有珍稀古董，一件件地给一休禅师鉴赏，并不停地问一休禅师的看法。

一休禅师不在意地看了看，然后说："你这些古董虽好，但是都比不上我的三件无价之宝。"

将军一听，急忙问道："禅师原来也是行家啊，你的宝贝是哪三件呢？"

一休禅师答道："也没有什么稀奇的，我拥有的是盘古氏开天辟地时所用的石块、历朝忠臣所用的饭碗，还有就是前代高僧用的万年拐杖。"

将军听了，惊叹不已，迫不及待地说："啊，这才是真正珍贵的东西！禅师你一个出家人也用不着它们，不如卖给我好了。"

一休禅师爽快地答应了，但是补充道："可是，每件没有一千两银子的话，我是不会卖的。"

将军急忙答道："就这么说定了！禅师可不许反悔！"

为了防止夜长多梦，将军叫侍从立即带着银子跟随禅师回去取古董。一休禅师回到寺院,当着侍从的面,拿起寺门口抵门的那块石头、正在喂狗的破碗以及自己的破手杖递给他,让他带回去给将军。

侍从依言把三件东西呈给将军,又如实说明了它们的来处。

将军听后非常生气,便跑去找一休禅师理论道:"你身为禅师,我一心想待你友善,为什么要这样欺骗、戏弄我呢?难道你就不怕我治你的罪吗?"

一休禅师不温不火,微笑着说道:"我没有欺骗将军啊。现在各地正在闹饥荒,很多人都饿死了。将军的三千两银子,我都拿去赈济灾民了,你救了那么多人的性命,难道不是得了无价之宝吗?"

感悟

真正的无价之宝,不是价值连城的古董、钻石之类的东西,而是爱心与慈善。当我们给予那些正处于水深火热之中的人们及时的帮助时,我们就得到了无价之宝。

种下善因，就会收获善果

很久以前，有一个人非常富有，他的名字叫多福。多福的家产多得难以计算，也没人知道他到底有多少钱。

后来，多福信奉了佛教。他想："世事无常，世上的一切都是变化不定的，连生命和财产，也不是永远属于自己的，说不定什么时候就没了；只有多做好事、多积点功德才是真正有意义的事。"于是他贴出了告示说："如果有人没饭吃、没衣穿，请速来取，数量不限。"

告示贴出去好久了，由于当时政通人和，国家安定，百姓生活富足，谁也不需要他的钱。多福又想："看来大家并不需要钱，可是谁也免不了会闹头疼脑热的，还是用钱给百姓买药治病吧。"于是多福便四处采购，买来各种名贵药材，每天在集市上免费提供给病人。

多福的善心得到大家的称赞，没用多久时间，名声便传遍远近四方。东南西北各地的病人，都慕名前来接受治疗。

日复一日，年复一年，多福的财产渐渐地用尽了，但他仍然四处为病人采药，找药。有一天，他在离家一百多里采药的路上见到几辆牛车，车上都是患有各种疾病的人。

他忍不住问道:"你们要到哪儿去呀?"

车上的人答道:"我们要去多福那里,请他救命。"

多福立即同他们回去找到国王,向国王借了五百两黄金买了许多药给这些人治病。

经过多福的精心护理、医治,病人的病慢慢都好了。可是自己却因欠下大量的债务,过着窘迫的日子。

当时常有一些商人为了赚钱结伴下海去捞海底珍宝。多福也想碰碰运气,就跟着一伙商人出海寻宝去了。

众人辛辛苦苦地努力了许久,得到不少宝物,于是兴高采烈地返乡。一路上交通极为不便,又因天气干旱少水,每个人经过长途跋涉,都干渴难忍。多福忽然发现路边有一口水井,就快步奔过去,开怀畅饮起来。

那些商人早已注意到,多福采集的海中宝物里,有一颗灿烂夺目的水晶球,是世上稀有的宝贝,他们心里又羡慕又嫉妒,总希望自己也能得到。众人一看,多福在井边弯腰喝水是个天赐良机,便齐拥上前,将多福推下了井。

由于多福做了那么多好事,他的善行感动了神仙,天神在这危险的时刻,在井底接住了他,使他安然无恙,连皮都没有擦破。

那些商人回国后,去见国王。国王问道:"你们都回来了,那多福到哪儿去了?"

商人们装作什么都不知道的样子对国王说:"大王!我们也不知道。自从离开国境之后,他就与我们大家分手了,不知道他去了哪里。"

国王不相信,又问:"说实话,是不是你们把他害死了?"

商人们赶忙否认地叫道:"不!不!绝没有这样的事!"

多福被天神托住后,发现井壁上有个洞,正好能容他钻过去。他顺着洞走,不一会儿就见到亮光,从另一个洞口走出了水井;又经过七天的跋涉,他终于回到自己的国家。

国王见到他,问道:"商人们都满载而归,你下海采宝怎么却两手空空地回来了?"

多福含糊地说:"我没有发现任何宝物只得空手而归。"

国王听了他的话起了疑心沉思着:"这当中必有缘故。"

他随即命人把那些商人都找了来命令道:"你们必须从实招来才有活路,否则只有一死。"

商人们吓坏了,便老老实实地招了供。

国王听说他们在归途上谋害多福,十分生气,便下令把他们统统关进监牢,要将他们定罪。

多福闻讯后,焦虑万分,急忙赶到王宫,向国王叩头请罪。

国王说:"你没有罪!他们的罪已定,是不可改变的。"

多福再三请求道:"国王陛下,请无论如何原谅他们的愚昧无知吧!"

国王经多福再三请求,便答应了他,赦免了商人们的罪过,命令他们归还从多福那里夺走的宝物。商人们感激涕零,都拣自己最好的宝物送给多福。多福却只取其中的一半。

商人们一看,又恳求道:"承蒙您的善心,我们才保全了性命!您救了我们大家,这些小意思,请您一定要收下。"

多福只好收下那些宝物,还清了国王的债,又把剩余的宝物施舍给了老百姓。

邻国也听说了多福的事迹,全都交口称赞,佩服多福的崇高道德。

感悟

　　我们生活在一个经常需要交流的环境中，每一个人都不可能孤立地存在。在交往中，无论对谁，都不要吝啬自己的爱心。当你在给予他人帮助的时候，实际上自己的内心也在得到升华。今日多做一些好事，日后必会收获甜蜜的果实——种下善因，就能收获善果。

帮助别人，有时只需要一点智慧

有一天，一休的一个信徒来向他哭诉自己债台高筑，已经到了山穷水尽必须自杀的地步，请一休务必要超度他。一休婉言劝解，并问他除死之外没有别的办法可想吗？信徒摇摇头说没有，因为他除了一个女儿之外，已经一无所有，于是一休建议他找一个乘龙快婿来帮他还债。信徒一听此言，近乎绝望地说："师父啊！我的女儿只有八岁，怎能嫁人呢？"

"那你就把女儿嫁给我吧！"一休微笑着说。

信徒大惊失色道："这……这怎么可以！你是我的师父，怎能做我的女婿？"但是一休胸有成竹地挥挥手说："没问题，让我做你的女婿，帮你还债，你快回去宣布此事吧！"

于是，一休要娶妻的消息立即轰动全城，到了迎亲那天，看热闹的人，挤得门前水泄不通。一休抵达之后即在门口摆上桌子，上置文房四宝，然后他在桌前便写起书法来了。一休著有《狂云集》，本来就是诗、歌、书法方面的才子，众人一见他优美的书法，忘情欣赏，争相购买，反而忘了原来要凑的是什么热闹。结果卖书画的钱积了好几箩筐。

一休问信徒："这些钱够还债吗？"

信徒高兴得几乎流下泪来,连说:"够了,够了。"信徒频频向一休鞠躬,只差没跪下来表达自己的感激之情。

"好了,问题解决了,我这女婿也不用做了,还是做你的师父吧。"一休长袖一摆,飘然而去。

感悟

帮助别人,并不是非要出多少人力物力,有时只需要一点智慧。那些能够用自己的聪敏和睿智为别人分忧解难的人,会显得更加聪慧,更加令人尊重。

施舍比接受更富有

从前,有两个人是亲兄弟,虽然是同一父母所生的,但是性情却迥然不同。哥哥天生得一身懒骨头,好吃懒做,什么活都不做;而弟弟却勤快随和,喜欢与人结缘。有一天,兄弟俩一齐乘车出门办事,不巧遇到雨天路滑,哥哥掌着缰绳狂飙,一时失去控制,两兄弟立刻坠落山崖,丢掉了意气风发的年少生命。

只见兄弟俩一缕幽魂,恍恍惚惚地来到了幽冥殿外,早有青面獠牙的狱卒等候在门口,一把提起两兄弟,抓到阎罗王的面前。

阎罗王寒着一张铁黑色的方脸,瞪着铜铃般的大眼,抚尺拍得震天响,大声喝道:"你们兄弟二人上辈子做人,没有做过什么大好大恶的事情,下辈子还能够保有人身,出生做人。判官!查查看,有哪户人家需要投胎转世的。"

"报告阎君!有赵、谢两户人家分别拥有子嗣的因缘,只是出生赵家的人,长大之后要不断地布施他人;投胎谢家的人,则一生都在接受别人的施舍。"文判官仔仔细细地翻阅着生死名簿,簿子上密密麻麻地记录着每个众生的三世因缘果报。

"既然如此,你们兄弟就各自去投胎赵、谢两家吧!"

哥哥一听阎罗王的判决,心想:如果投胎到赵家,一生都要辛勤去赚钱行布施,实在太奔波劳碌,不如接受别人的施舍来得清闲舒服。主意打定,赶忙机灵地跪到案前,磕头如捣蒜地说道:"启禀阎罗王!一辈子要施舍别人的人生太辛苦了,求您大发慈悲,让我去投胎谢家,接受别人的施舍吧!"

"照你这样说,那施舍给人的赵家,又该谁去投胎呢?"阎罗王接着问道。

敦厚笃实,站在一旁始终不发一语的弟弟,恭恭敬敬地合掌道:"启禀阎罗王!让我哥哥去谢家转世,我愿意做赵家的子弟,一生把财富布施给他人,广结善缘。"

于是阎罗王放下了一颗忐忑不安的心。兄弟两人也依照自己的业力,各自到赵、谢两家去转世投胎。

弟弟因为发愿施与人家,因此到门第高贵、财富雄厚的赵员外家投胎为独生子,长得聪明伶俐,深得家里上下人等的喜爱,最难得的是赵氏公子生就一副慈悲心肠,看到贫病孤寡的人,经常赈济救护他们,凡有求助者,赵公子全都要满足他们的心愿。而赵员外一家,看到孩子如此乐善好施,也乐得以庞大的钱财随喜布施,因此赵公子慈悲喜舍的美名不胫而走。

然而,一心企望接受别人施舍的哥哥却投胎到家徒四壁、行乞为生的谢家,一辈子向人乞讨残羹剩饭,接受人世的施舍和同情,也接受着世人的鄙夷与侮蔑。

感悟

俗语云:施舍比接受更富有。施舍是富有的人生,而接受却是贫乏的人生。施舍是因为富有才会施舍，这富有包括精神上的富有和物质上的富有。施舍不一定只限于金钱物质的赞助，随时给别人微笑，随心为他人欢喜，都是一种清净可贵的布施。

助人一次，胜似诵经十年

老和尚带着年轻的徒儿出庙下山化缘，回来的路上遇见一个饿得奄奄一息的年迈老妪。老和尚当即命徒儿留些干粮和银两给老妪，徒儿有些不情愿。老和尚便开导他说："生死与功德只在一念之间，这些银两和食物对我们来说只不过是暂时能维持生计罢了，可对那位施主却是救命之物啊！"

徒儿似懂非懂，恭谨道："师父的教诲弟子会铭记于心，有朝一日待弟子振兴寺庙财粮广积之时，定要救助穷苦百姓。"谁知老和尚听了却轻叹着摇了摇头。

几年之后，老和尚油尽灯枯。圆寂前他把一本经书交到徒儿手中，翕动着嘴唇却没能来得及说出最后一句话。

年轻的徒儿继承师位后，持庙有方，破旧的小庙不断扩建。徒儿心想，等寺庙扩建完毕，一定谨遵师父的教诲去广济百姓，行善积德。可是当寺庙颇具规模后，他却又想，等庙宇更具规模后再济助行善吧。

时光荏苒，等徒儿年至耄耋时，寺庙已是殿壁辉煌，良田百顷。可是，多年来他却因忙于建庙，疏于善事，最终没有做过一件有功德的事情。临终前，徒儿突然想起老禅师留下的那本经书，当他翻开扉页，但见经书上赫然写着老禅师当年未及点明的忠告——助人一次，胜似诵经十年。

感悟

我们并不一定要等到自己有足够的能力后才去帮助别人，要知道，别人需要的可能仅仅是我们的举手之劳。行善做好事，什么时候都不早，什么事都不小。

既然给予了，就别求什么回报

诚拙禅师在圆觉寺弘法时，法缘非常兴盛，每次讲经时，听讲的人都挤得水泄不通。于是，信徒间有人提议，建一座比较宽敞的讲堂。

其中，有一位信徒用袋子装了五十两黄金，送到寺院给诚拙禅师，说明是捐助盖讲堂用的。禅师收下后，就忙别的事情去了。信徒对禅师的态度很不满意，因为五十两黄金可不是小数目，而禅师拿到这笔巨款，竟连一个"谢"字都没有。于是就紧跟着诚拙禅师后面提醒道："师父，我那袋子里装的可是五十两黄金。"

诚拙禅师漫不经心地回答说："你已经说过了，我也知道了。"禅师并没有停下脚步。

信徒提高嗓门道："喂，师父，我今天捐的五十两黄金可不是小数目，你难道连个谢字都不会说吗？"

禅师刚好走到大雄宝殿的佛像下："你怎么这样唠叨呢，你捐钱给佛祖，为什么要我对你说谢谢呢？你布施是在积你自己的功德，如果你一定要将功德当成买卖，我就替佛祖向你说声'谢谢'，请你把谢谢带回去，从此和佛祖银货两讫了吧。"

感悟

　　追求安宁并非真的安宁，一切顺其自然最好。我们给予了，并不是为了得到什么回报，失去了，也该相信总有人会得到，无论动与静，得与失，都不要过于执著。布施不图回报，才是佛所说的真正的布施。

行善得乐，为恶得苦

佛经中有这样一个故事。

从前有个人非常贫穷，无以自立，但志行高洁，从不做非法、非礼的事。因家里实在太穷，无法生活，他就去给一些商人当仆人。

这些商人带着这个穷人，一齐入海采宝。他们采到了不少宝贝便张帆返航，但是到半路不知怎么船停了下来了，无论怎么划桨也无法让船前进半步。

所有商人无不惊恐万状，知道是因为采宝而得罪了海神，海神来惩罚自己了。于是连忙跪下祈祷，请海神放他们一条生路。

而那个穷人，因为自己平生不做亏心事，所以没有参与他们的祈祷。

船之所以开不动，果然是因为海神作怪。海神有心想惩罚这些亵渎了自己的商人，但船上的这个穷人可是好人，不应连累他。他想来想去整整想了七天，终于想出一条妙计。

海神想："让我考验一下这些商人吧！如果他们经得起考验我就饶恕他们；如果他们经不起考验，那我施行惩罚时，也不会连累了那个穷人。"

船在海上整整停了七天，一动也不能动，商人们都急坏了。

第七天夜里，一个商人做了个梦，梦见海神对他说：只要你们把船上的这个穷人送给我当牺牲品我就放你们走。

他醒来之后，把这个梦告诉了其他人。

他们正秘密商议如何处置时，穷人知道了这件事。

穷人慨然说："好吧！就让我做海神的牺牲品吧！不要因为我一人，而连累你们大家。"

商人们一听穷人自愿牺牲，高兴极了，因为这样便少了许多麻烦。他们扎了小木筏，在木筏上放了些水和粮食，让穷人上了木筏之后，就扬长而去。

海神见到这情况便卷起一股大浪把商人们的船打翻使他们个个葬身鱼腹。同时，又吹起一股顺风，把穷人的木筏直送到岸边。

穷人就这样安全地回到家乡，与妻儿团聚。

感悟

在某些关键时刻，我们应该有一种舍己为人的精神，这是大慈大悲。有这种大慈大悲的胸怀，才能拯救别人和自己。

今生无论做什么事，都会对来生造成影响

从前，印度国王有个好朋友叫昆多轮柯。有一次，昆多轮柯前往一个偏远的地方，回国后就生病了。随着病情的不断加重，他的头上竟长出了许多脓疮。

国王听说后，马上派御医帮昆多轮柯治病。御医检查过之后认为，要让昆多轮柯恢复体力，增强体质，唯一有效的方法就是喝牛奶，于是昆多轮柯就去了盛产牛奶的地方。

当时，有一个叫做分那婆陀那的国家，这个国家的人都信奉外道，一个佛门弟子把这个情况告诉了印度国王，印度国王便派密使前去探察。不久之后，密使带回了外道的经著，印度国王看了非常生气，下令把分那婆陀那国的外道异教徒全部杀光，于是在一天之内就屠杀了数十万人。

当时有一个异教徒，他非常忠诚于自己所信奉的宗教，画了一张佛陀的画像，敬奉自己的神明。印度国王听说这件事，立刻将他的亲属抓来处以极刑。盛怒的印度国王还下令："如果有人能杀死这个异教徒，并提着他的头来见我，我就重重有赏。"

这时，昆多轮柯来到养牛场已经有一段时间了，每天都喝

牛奶,但是病情仍然不见起色。长期病魔的折磨使他浑身又脏又臭,衣服破烂不堪,头发和胡须都长得很长,一副很邋遢的样子。

听到印度国王要悬赏捉拿一个异教徒,养牛场的女主人看着昆多轮柯,心想:"看他狼狈的样子,这家伙是不是那个被追杀的异教徒呢?"她悄悄对丈夫说:"你应当杀了这个异教徒,割下他的头,交给国王,那么我们就可以得到赏钱了。"丈夫听了,立即拔刀去杀昆多轮柯。昆多轮柯因为病弱的身体根本无力搏斗挣扎,很容易就被杀死了。

当养牛场女主人和丈夫把昆多轮柯的头交给国王时,国王一看,非常震惊地说:"这不是昆多轮柯的头吗?"

明白了整件事情后,国王低着头不说一句话,内心难过不已。

一旁的大臣便劝慰国王说:"那些被追杀的异教徒也正面临这种苦难。大王应当给人民生存的欢乐,不要用死亡恐吓人民。"国王认为大臣说的有理,就下令停止一切杀害异教徒的行为。

许多比丘想不明白:"昆多轮柯以前做过什么事,为什么遭到杀头的报应呢?"于是,便去请示优婆笈多尊者。

优婆笈多说:"过去世上有一个猎人,专门靠射杀麋鹿为生。在一片森林中,有一池清泉,这个猎人经常在水边用网或绊绳杀这些麋鹿。佛陀在未成佛以前,有天来到这水边吃饭、洗澡,然后坐在树下休息。麋鹿嗅到生疏的气味,自然不敢靠近水边。猎人看到佛陀的前身坐在树下,不由得生气地想:'难怪麋鹿都不来了,都是因为这个陌生人坐在这里。'他越想越生气，竟举刀向佛陀的前身劈去。这个过去的猎人就是昆多轮柯，因为他杀了很多鹿，所以他总是生病，忍受着身体的痛苦，又因为他曾经用刀劈佛，所以才遭到被杀头的报应。"

感悟

佛家认为，一个人今生无论做什么事，都会对来生造成影响。今生伤害别人或杀害别人，来世必被别人伤害或杀害。一个人在今生应该慈悲为怀，多做些善事，这不但使今生过的有意义，也必会恩泽来世。

心怀善念才是自救之道

一名很恶很恶的农妇死了,她生前没有做过一件善事,鬼把她抓去,扔在火海里。

守护她的神站在那儿,心想:我得想出她的一件善行,好去对佛祖说。

他想啊想,终于回忆起来,就对佛祖说:"她曾在菜园里拔过一根葱,施舍给一个女乞丐。"

佛祖说:"你就拿那根葱,到火海边去伸给她,让她抓住,拉她上来。如果能从火海里拉上来,就拉她到天堂上去。如果葱断了,那女人就只好留在火海里,仍像现在一样。"

守护神跑到农妇那里,把一根葱伸给她,对她说:"喂,女人,你抓住了,等我拉你上来。"他开始小心地拉她,差一点就拉上来了。

火海里别的罪人也想上来,女人用脚踢他们,说:"人家在拉我,不是拉你们。那是我的葱,不是你们的。"

她刚说完这句话,葱就断了,女人再度落进火海,守护神只好哭泣着走了。

农妇后来才知道,这葱其实是可以拉许多人的,佛祖想借此再度考验一下她，但她没有经受住这种考验。

感悟

　　一个人活在世上，不能只顾自己而不顾别人的死活。某些关键时刻正是考验一个人的时候，人性也会在此时显现出来，只有心怀善念的人，才会经受住考验，到达想去的地方；而心怀邪念的人，则会把自己送入地狱。

做恶事终会恶及自身

有一个男人,他中年得子,甚是溺爱。他含辛茹苦地拉扯儿子成人,辛辛苦苦地供儿子上完大学。儿子西装革履,红光满面,自己却衣衫褴褛,饥肠辘辘。他省吃俭用为儿子买了房,娶了妻,生了儿。

可是他自己也老了,不能帮上儿子什么忙了。儿子越来越觉得他碍眼,很不孝顺,开始是冷言冷语,后来又经常打骂他,嫌弃他没有用处。最后,在一个风雨交加之夜儿子觉得受不了他,就将他赶出了家门。

这个老人无奈地来到一个破庙避雨,老人想到自己的遭遇很伤心,自己曾经是那么爱他的儿子,却受到了这种待遇,他仰天长叹:"佛祖呀,为什么对我这么不公平?"

在一道闪电过后,一个更苍老的声音说:"这是对你的报应啊。"这时老人看见一个比他更老的人从破庙的角落里走出来。老人大惊道:"你是佛祖吗?"那个更老的人说:"你这个混蛋!在二十多年前你就把我赶出来了,我是你爸爸呀,你已经不认识我了?"

感悟

　　我们每做一件事,都有很多双眼睛看着,有时即使是瞒过了众人,也瞒不过天地良心。每个人都要为自己所做的事情负责任,也都要承担它带来的后果,知错不改,等看到结局时,可能为时已晚。

事事锱铢必较，是占不到便宜的

有一位虔诚的老居士，专修净土法门，一心想往西方极乐世界。

一天，他感到大限之期即将来到，便把儿子叫到床前，殷殷嘱咐说："我就快要死了，谢谢你们平日对我的尽心孝养，我希望你依照佛教仪式送我最后一程。我死以后，你一定要礼请寺院的法师来为我诵经助念，引导我往生西方极乐世界。"说完就安详地溘然而逝。

儿子哀恸欲绝地办理父亲的丧事，并且遵循老父的遗言到寺院请来法师为父亲举荐佛事。但是，儿子悭吝成性，想到这丧葬佛事一定得所费不少，问法师说："超度亡灵的佛事要念诵什么经？需要多少钱？"

法师一听，原来是个一毛不拔的守财奴，故意对他说："接引亡者往生西方极乐世界要念诵阿弥陀佛经，要花费一千钱。"

儿子听了，满脸舍不得的神情，极其为难："这么贵呀！能不能给个优待，打个八折怎样？"

那法师就说道："咦？请人诵经做佛事是心甘情愿的事，又不是买东西打折扣，绝对不能讲价。"

"拜托，拜托！无论如何请你行个方便，打八折好不好？"儿子拿出平日在市场与商贩讨价还价的功夫，一本正经地和法师杀起价来。

"好！好！打八折就打八折。"法师拗不过他的缠功，只好妥协。

一切准备就绪后，法师开始举腔诵经超度亡者。诵经前要礼请诸佛菩萨来加被往生的人，只见法师不急不缓地念道："南无东方的诸佛菩萨，请你们慈悲降临坛场，把亡者接引到东方世界去往生。"

如此举腔三请，一次比一次声音洪亮，字字撞击在儿子的心坎上，儿子连忙打断诵经的程序，一脸疑惑地问："且慢！我父亲交代要往生西方极乐世界，为什么师父您却请东方佛国的诸佛菩萨来接引他呢？"

法师笃定地回答说："往生西方极乐世界需要一千钱的费用，你坚持要打八折，八百钱只能到距离近一点的东方世界了！"说完，还一派若无其事的样子。

儿子想："为了自己吝惜二百钱，连累父亲往生不了西方极乐世界，只能到东方佛国，实在大逆不孝。"

于是他咬咬牙，终于破釜沉舟下了最大的决心："师父！我愿意多加二百钱，请您重来还是接引家父到西方极乐世界去吧！"

法师举手振铃，重新祝祷道："西方极乐世界的阿弥陀佛、观世音菩萨、大势至菩萨！请你们手持金台来接引亡者往生彼国。"

佛事正庄严地进行着，突然躺在棺椁中的父亲一骨碌地坐了起来，指着儿子的鼻子大骂："你这个不肖子！为了你要节省二百钱，一会儿东方，一会儿西方，害你老子东奔西跑，忙坏东西方的佛菩萨，累散我一身的老骨架，你知道吗？"

说完，整整衣襟又安详地躺回了棺中。

儿子早已吓得噤若寒蝉，脸上一阵青一阵白的，一句话也说不出来了。

感悟

有句俗话说："吃不穷，省不富。"大钱都已经花了，如果在小钱上还锱铢必较，反而会弄巧成拙，让人贻笑大方。当然，钱不多的时候，自然要节省一些，应该有计划地去花钱。但在某些事情上，该花的钱是一定要花的，否则会因小而失大。

只知贪取不知布施是畸形

有位信徒对默仙禅师说:"我的妻子贪婪而且吝啬,对于行善做好事,连一点儿钱财也不舍得,您能发发慈悲到我家里去,向我太太开示,行些善事好吗?"

默仙禅师是个痛快人,听完信徒的话,非常爽快地答应下来。

当默仙禅师到达那位信徒的家里时,信徒的妻子出来迎接,可是却连一杯茶水都舍不得端出来给禅师喝。

于是,默仙禅师握着一个拳头说:"夫人,你看我的手,天天都是这样,你觉得怎么样呢?"

信徒的夫人说:"如果手天天这个样子,这是有毛病,畸形的啊!"

默仙禅师说:"对,这样子是畸形!"

接着,默仙禅师把手伸展开成了一个手掌,并问:"假如天天这个样子呢?"

信徒夫人说:"这样子也是畸形啊!"

默仙禅师趁机说:"夫人!不错,这都是畸形,钱只知道贪取,不知道布施,是畸形。钱只知道花用,不知道储蓄,也是畸形。钱要流通，要能进能出，要量入为出。"

握着拳头暗示过于吝啬，张开手掌则暗示过于慷慨。

信徒的太太在默仙禅师这么一个比喻之下，对做人处事以及用财之道，豁然领悟了。

感悟

过于铺张或过于吝啬，都容易被金钱所驱使。对于金钱，我们应取之有道，而且要把它用在有意义的事情上。不管在什么时候，都要做金钱的主人，而不要做金钱的奴隶。

第六篇
保持平常心，一切皆如愿

佛说，保持平常心，一切皆如愿。平常心即是平常态，是人生最难得的状态。一个人只有保持平常心，才能在大起大落时不大喜不大悲，才能在平常的日子里保持愉悦的心情。所以，保持平常心，也是人生中的大智慧。

心无杂念才能拥有平常心

有个信徒问慧海禅师:"您是有名的禅师,可有什么与众不同的地方?"

慧海禅师答道:"有。"

信徒问道:"是什么呢?"

慧海禅师答道:"我感觉饿的时候就吃饭,感觉疲倦的时候就睡觉。"

"这算什么与众不同的地方,每个人都是这样的,有什么区别呢?"

慧海禅师答道:"当然是不一样的!"

"为什么不一样呢?"信徒问道。

慧海禅师说道:"他们吃饭时总是想着别的事情,不专心吃饭;他们睡觉时也总是做梦,睡不安稳。而我吃饭就是吃饭,什么也不想;我睡觉的时候从来不做梦,所以睡得安稳。这就是我与众不同的地方。"

慧海禅师继续说道:"世人很难做到一心一用,他们在利害得失中穿梭,囿于浮华的宠辱,产生了'种种思量'和'千般妄想'。他们在生命的表层停滞不前,这是他们生命中最大的障碍,他们因此而迷失了自己,丧失了'平常心'。要知道,只有将心灵融入世界,用心去感受生命,才能找到生命的真谛。"

感悟

每个人都有一颗平常心,但很少有人能体会到真正的平常心,所以平常心是很难得的。那么,什么是真正的平常心?心无杂念的心才是真正的平常心。一个人只有心无杂念,把功名利禄看破,才能拥有一颗真正的平常心。

保持平常心是悟道之本

从前，有一个学僧到法堂请示禅师道："我常常打坐，时时念经，早起早睡，心无杂念。我想在您座下没有一个人比我更用功了，可我为什么还是无法开悟？"

禅师拿了一个葫芦、一块盐，交给学僧说："你去将葫芦装满水，再把盐倒进去，使它立刻溶化，你就会开悟了！"

学僧遵照指示去做，没多久，跑回来说道："我把盐块装进葫芦，可它老不化；葫芦口太小了，伸进筷子也搅不动。我还是无法开悟。"

禅师拿过葫芦倒掉了一些水，然后只摇晃几下，盐块就溶化了。禅师慈祥地说道："一天到晚用功，不保持一颗平常心，就如同装满水的葫芦，摇不动，搅不得，如何化盐，又如何开悟？"

学僧不解地问："难道不用功可以开悟吗？"

禅师仍耐心地解释说："修行如弹琴，弦太紧会崩断，弦太松不出声音。时刻保持着平常心，才是悟道之本。"

学僧终于领悟了其中的道理。

感悟

　　无论是参禅悟道还是做其他事情，只勤奋用功往往收效不大，之所以会出现这种情况，最主要的原因是忘却了平常心。所以，在日常生活和工作中，我们应该以平常心去待人接物，只有这样，我们才会处理好各种事情。

带着禅心去做事，会有大悟大得

有一天，奕尚禅师从禅定中起来时，刚好传来阵阵悠扬的钟声，禅师特别专注地竖起耳朵用心聆听，待钟声一停，忍不住召唤侍者询问道："早晨敲钟的人是谁？"

侍者回答道："是一个新来参学的沙弥。"

于是奕尚禅师就让侍者将这沙弥叫来，问道："你今天早晨是以什么样的心情在敲钟呢？"

沙弥不知禅师为什么要这么问他，他回答道："没有什么特别心情，只为敲钟而敲钟而已。"

奕尚禅师道："不见得吧？你在敲钟时，心里一定念着些什么？因为我今天听到的钟声，是非常高贵响亮的声音，只有正心诚意的人，才会发出这种声音。"

沙弥想了又想，然后说道："报告禅师！其实也没有刻意念着，只是我尚未出家参学时，家父时常告诫我，敲钟的时候，应该要想到钟即是佛，必须要虔诚，只有敬钟如佛，才配去敲钟。"

奕尚禅师听了非常满意，再三提醒道："往后处理事务时，不可以忘记，都要保有今天早上敲钟的禅心，你将来必定会有所作为。"

这位沙弥从此养成了恭谨的习惯,不但敲钟,做任何事,动任何念,一直记着奕尚禅师的开示,保持着敲钟的禅心,终于大彻大悟。

他就是后来有名的悟由禅师。

感悟

禅心是专心致志,是心无杂念。凡事都应带有几分禅心,即使再小的事也应如此。带着几分禅心去做事,终会有大悟大得。

放松自己，才能把事做得更好

很早以前，在一座山上的庙里，有一个小和尚。一天，他被差遣去买食用油。在下山之前，庙里的一个大和尚交给他一个大碗，并严厉地警告："你一定要小心，绝对不可以把油洒出来。"

小和尚听了大和尚的话，打好油后，小心翼翼地端着装满油的大碗，一步一步地走在山路上，丝毫不敢左顾右盼。

不幸的是，在快到庙门口时，小和尚由于没有向前看路，结果踩到了一个洞。虽然没有摔跤，可是油却洒掉了三分之一。小和尚非常懊恼，而且紧张到手都开始发抖，无法把碗端稳。回到庙里时，碗中的油就只剩一半了。

大和尚拿到装油的碗时，非常生气，他指着小和尚大骂："你这个笨蛋！我不是说要小心吗？为什么还是糟踏这么多油，真是气死我了！"小和尚听了很难过，流下了眼泪。

老和尚听到了大和尚的斥骂声，就跑过来问是怎么回事。了解以后，他就对小和尚说："你再去买一次油吧。这次我要你在回来的途中，多观察你看到的人、事、物，并且回来后还要跟我做一个报告。"

小和尚想要推辞这个任务，强调自己油都端不好，根本不可能既要端油，还要看风景、作汇报。不过在老和尚的坚持下，他只有勉强上路了。

在回来的途中，小和尚发现其实山路上的风景真的很美。远方看得到雄伟的山峰，又有农夫在梯田上耕种。走不久，又看到一群小孩子在路边的空地上玩得很开心，而且还有两位老先生在下棋。

就这样，小和尚一路上边走边看风景，不知不觉就回到庙里了。当小和尚把油交给老和尚时，发现碗里的油，装得满满的，一点都没有洒出来。

感悟

我们应该用一种轻松的心情，来面对每天的生活，尤其是工作或生活愈紧张、愈忙碌、愈繁杂的时候，愈要懂得放松自己的身心。一位真正懂得从生活经验中找到人生乐趣的人，才不会觉得自己的日子充满压力及忧虑。只要我们的心中能够放下一些执著，以无所得、无所求的心来应对一切事情，我们就一定能做得更好。

真正的信仰，不是非要顶礼膜拜

在一个寒冷的冬夜，有一个乞丐来找荣西禅师，哭诉道："禅师，我的妻儿已多日粒米未进。我想尽我的一切努力给他们温饱，可是始终无法办到。连日来的霜雪使我旧病复发，我现在实在是精疲力竭了，如果再这样下去，妻儿都会饿死。禅师！请您帮帮我们吧！"

荣西禅师听后颇为同情，但是身边既无钱财，又无食物，如何帮他呢？不得已只好拿出准备装饰佛像的金箔说道："把这些金箔拿去换钱应急吧！"

听到荣西禅师的这个决定，弟子们都很惊讶，纷纷表示抗议："老师！那些金箔是替佛像装金用的，您怎么能轻易地送给别人？"

荣西禅师非常平和地对弟子说："也许你们无法理解，可是我实在是为尊敬佛陀才这样做的。"

弟子们一时无法领会老师的深意，愤愤地说道："老师！您说是为了尊敬佛陀才这么做的，那么我们将佛陀圣像变卖以后用来布施，这种不重信仰的行为也是尊敬佛陀吗？"

荣西禅师不再辩解，只是说："我重视信仰，我尊敬佛陀，即使下地狱，我也要为佛陀这么做！"

弟子们仍然不服，还是嘀咕个没完。荣西禅师于是大声斥责道："佛陀修道，割肉喂鹰、舍身饲虎在所不惜，佛陀是怎么对待众生的？你们真的了解佛陀吗？"

感悟

真正的信仰，不是仅仅挂在嘴上的，也不是必须要顶礼膜拜的。它应该存在于具体的事情之中，甚至是一件极普通极平常的小事之中，比如雪中送炭。真正慈善的人，是不会拘泥于礼节和形式的，他们会将自己的善念化为一汪清泉，流进所有干渴的心灵。

钱财乃身外之物，生带不来死带不走

有一个刚出家的小和尚问禅师："钱财为何物？"

禅师没有回答小和尚的问题，而是给他讲了一个故事。

从前，有一位国王，名叫难陀。这国王拼命聚敛财宝，希望把财宝带到他的后世去。他心里想："我要把一国的珍宝都收集到我这儿来，不能让外面有一点剩余。"

因为国王贪恋财宝，所以他规定：谁想结交他的女儿，就要带着财宝当见面礼。他吩咐在女儿身边侍候的人说："要是有人带着财宝来结交我的女儿，把这个人连同他带的财宝一起送到我这儿来！"他用这样的办法聚敛财宝，全国没有一个地方还有金钱宝物，所有的金钱宝物都进了国王的仓库。

有一个寡妇，只有一个儿子，她对他极为疼爱。这个儿子看见国王的女儿姿色美丽，容貌非凡，非常喜欢。但是他家里没有钱财，没法结交国王的女儿。为了这事，他生起病来，身体瘦弱，气息奄奄。他母亲问他："你害了什么病，怎会病成这个模样？"

儿子把事情告诉了母亲，说："我要是不能和国王的女儿交往，必死无疑。"

母亲对儿子说:"可是国内金钱宝物,一无所剩,到哪里去弄到宝物呢?"母亲又想了一会,说:"你父亲死的时候,口里含有一枚金钱。你要是把坟墓挖开,可以得到那枚钱,自己用那钱去结交国王的女儿。"

儿子照着母亲的话,就去挖开父亲的坟,从口里取出那枚金钱。他拿到了钱,来到国王女儿那儿。这时国王的女儿便把他连同那枚金钱送去见国王。国王见了,说:"国内所有的金钱宝物,除了我的仓库中,都荡然无存。你在哪里弄到这枚金钱?你今天一定是发现了地下的窖藏了吧!"

国王用了种种刑法,拷打这寡妇的儿子,要问清楚他得到钱的地方。寡妇的儿子回答国王说:"我真的不是从地下的窖藏中得到这枚金钱的。我母亲告诉我,先父死的时候,口中含着一枚钱。我挖开坟墓,由此得到的这枚钱。"

国王派了个亲信去检查真假。这亲信果然看见了此人父亲口中放钱的地方,这才相信了。国王听了亲信的报告,心里暗自想道:"我先前聚集一切宝物,想的是把这些财宝带到后世。可是那个死人父亲,一枚钱尚且带不走,何况我这样多的财宝呢?"

故事讲完了,禅师问小和尚:"钱财为何物?"

小和尚答道:"身外之物。"

感悟

虽说没有钱财不行,但千万不要把钱财看得太重,更不要刻意去追求。因为,钱财只不过是身外之物而已,生带不来,死也带不走。

魔由心生，心魔是自己制造的

很久以前，有一对夫妇非常恩爱，不幸的是年轻的太太突然生了重病，临终前她拉着丈夫的手，依依不舍地说："我太爱你了，实在不想离开你。我死后你可不能忘了我，去找别的女人，否则我做鬼也要跟你算账！"

不久这位太太就去世了。刚开始，丈夫沉浸在丧妻的悲痛之中，但过了好久之后，他遇见了一个女人，俩人一见钟情，定了终身。

自从订婚那天起，每天夜里都有女鬼来骚扰他，骂他不守诺言，并将他与新人之间所发生的事说得一清二楚。每当他送给未婚妻一件礼品时，女鬼都可能将那件礼品做一番详细的描述。她甚至可以复述他俩之间的对话。

这使他颇为烦恼，以至难以入眠。一个朋友听说后，劝他去请教一位住在村旁的禅师。他忍无可忍，只得向禅师求助。

禅师告诉他："那女鬼是你的前妻变的，你的一举一动都瞒不过她。不论你做什么，说什么，送什么东西给你的意中人，她都知道，她一定是个精灵鬼。下次她来的时候，你不妨和她交谈，夸她聪明绝顶，无所不知，你对她自然也没有什么好隐瞒的。你可以提一个问题,让她回答。假如她能回答上来,你就答应解除婚约,决不再娶。"

这个人又问道:"我要问她一个什么样的问题呢?"

禅师答道:"你抓一大把黄豆,问她你手里究竟有多少粒。如果她答不出的话,你就该明白,她只是你自己主观想象的,就再也不会来骚扰你了。"

当天夜里,女鬼再度出现时,丈夫就依计夸奖了她一番,说她真是无所不知无所不晓。

女鬼自负地说:"一点不错,你今天见了那位禅师,我也知道。"

丈夫随手抓起一把黄豆,说:"你既然什么都知道,那么说说看,我手里究竟有多少粒黄豆?"

他等着等着,再也没有鬼来答腔了。

感悟

佛由心生,魔一样也由心生。心魔是自己给自己套上的枷锁,所以保持良好的心态很重要。不要让想象中的意念困扰了自己,只有放下过去,放下不该有的念头,才能不让心魔滋生,才能获得心灵上的清静。

自己捆绑住了自己

四祖道信禅师还未悟道时,曾经向三祖僧璨禅师请教。

道信虔诚地请求道:"我觉得人生太苦恼了,希望你指引给我一条解脱的道路。"

三祖僧璨禅师反问道:"是谁在捆绑着你?"

道信想了想,如实回答道:"没有人绑着我。"

三祖僧璨禅师笑道:"既然没有人捆绑你,你就是自由的,就已经是解脱了,你何必还要寻求解脱呢?"

后来石头希迁禅师在接引学人时,将这种活泼机智的禅机发挥到极致。

有一个学僧问希迁禅师:"怎么才能解脱呢?"

希迁禅师回答:"谁捆绑着你?"

学僧又问:"怎么样才能求得一方净土呢?"

希迁禅师回答道:"谁污染了你?"

学僧继续追问道:"怎么样才能达到涅槃永生的境界呢?"

希迁禅师回答:"谁给了你生与死?谁告诉你生与死有区别?"

学僧在希迁禅师的步步逼问之下,开始迷惑不解,继而恍然大悟，明白了的道理。

感悟

世上本无事，庸人自扰之。生活中，很多人往往自寻烦恼，自己给自己套上枷锁，从而搞得自己疲惫不堪。我们应该学会解除这些束缚，给自己减压，从而让自己活得轻松，活得快乐。

有时保持沉默也是一种智慧

从前，有一个和尚，因为听说开悟的人会得到别人的尊敬、崇拜，有一天，他就对外宣称自己开悟了。

古代的出家人有云游参访的习惯，因此，许多游方的僧人就不远千里来拜访、请教他。

他担心会露出马脚，经常一言不发，装出高深莫测的样子，自称"沉默大师"，把一切问题交给两个能言善辩的徒弟去回答。

有一天，两个弟子都出门去办事，正好一位云游的和尚来向沉默大师请教佛法，沉默大师只好亲自接待他。

云游的和尚问道："大师，什么是佛？"

沉默大师不知道要怎么回答，只好保持沉默，一边还东张西望，寻找两位能言善辩的弟子。

云游的和尚觉得沉默大师的左右顾盼充满了禅机，于是继续问："大师，什么是法？"

这一次，沉默大师对寻找弟子已经绝望了，只好避开云游僧锐利的眼光，抬头看看天，再低头看看地，依然一言不发，保持沉默。

云游的和尚受到很大的启发，又问："大师，什么是僧？"

沉默大师只好闭上眼睛，不做任何表示。

云游的和尚内心充满了喜乐，再问："大师，什么是幸福快乐？"

沉默大师感到头痛了，只好双手一摊，表示再也不能回答问题了。

云游的和尚深深地鞠了一躬，兴高采烈地离开了，他觉得沉默大师果然名不虚传、深不可测。

他离开沉默大师不久之后，在路上遇到沉默大师那两位能言善辩的弟子，他不知道他们和沉默大师的关系，兴致勃勃地告诉他们自己的心得："沉默大师是个真正的悟道者！我问他什么是佛，他把头先转向东边、再转向西边，意思是说，人人到处在找佛，其实佛就在心中，不必东找西找。我又问他什么是法，他先看看上面、再看看下面，意思是说，法是完全平等的，并没有高低之分。我问他什么是僧，他闭上了双眼，意思是说，闭门苦修的才是僧，最后我想不出什么问题了，就问他：什么是幸福快乐，他摊开双手，意思是说能放下一切就是幸福，能帮助别人就是快乐！呀！沉默大师的悟道多么深切！教导也是如此的深刻！你们俩人应该赶紧去拜望他啊！"

云游的和尚说完，再度走上参访的旅程。两位弟子听得目瞪口呆，心想：师父怎么在转眼之间就变得这么高深了呢？赶紧回到沉默大师的身边。

沉默大师看到两个徒弟回来，不禁生气地抱怨他们："你们跑到什么地方去了，刚刚有一位好问的和尚，差点把我问倒了，还好我一直沉默到底，他才走了。"

沉默大师成功地保住了他的面子，他的成功就在于他在不懂的时候能够保持沉默。当然，沉默大师欺骗别人的行径是值得我们批判的，但就处世交际而言，他的做法是值得借鉴的。

感悟

在生活中，我们经常会遇到不懂的问题，这是很正常的，因为人毕竟不是神仙。每个人都不可能什么都知道，所以我们在为人处事时，保持谦虚的态度是很重要的。如果你真的不懂，但又要顾及面子，不妨保持沉默，这也是一种明智的做法。

不要活在别人的眼睛里，要活在自己的世界里

一个妇人是私生子，别人都对她指指点点，为此她整日烦恼不已。无论她走到哪里，这种烦恼都如影随形，不断地折磨着她。

有一天，妇人实在忍受不了了，便想投水自尽，一死了之。可是，妇人刚刚跳入河中，就被人救了起来。当听完妇人的不幸遭遇时，那个救她的人劝她投入佛门，寻求解脱。

于是，这位妇人拜访一位禅师，对其叙述自己的不幸。禅师在听完妇人的叙述之后，只是让她静默打坐，别无所示。

妇人打坐了三天，非但烦恼不除，羞辱之心反倒更加强烈了。妇人气愤不过，跑到禅师面前，想将他臭骂一顿。

"你是想骂我，是吗？只要你再稍坐一刻，就不会有这样的念头了。"禅师的未卜先知，让她既吃惊又心生敬意，于是，她依照禅师的教示，继续打坐。

不知过了多长时间，禅师轻声问道："在你尚未成为一个私生子之前，你是谁？"

妇人脑子里的某根弦仿佛突然被拨动了一下，她窘得双手

捂着脸，随后更是号啕大哭起来："我就是我啊！我就是我啊！"

感悟

　　我们不要在乎别人怎么看、怎么说，只要守住自我、守住本性，就能放下对自我的执著，就能够活得精彩，活得自在。因为，我们是活在自己的世界里的，而不是活在别人的眼睛里。佛说，世界原本就不是属于你，因此你用不着抛弃，要抛弃的是一切的执著。万物皆为我所用，但非我所属。

与其羡慕别人，不如活出真正的自己来

　　在河的两岸，分别住着一个和尚与一个农夫。

　　和尚每天看着农夫日出而作，日落而息，生活看起来非常充实，令他相当羡慕。而农夫也在对岸，看见和尚每天都是无忧无虑地诵经、敲钟，生活十分轻松，令他非常向往。因此，在他们的心中产生了一个共同念头："真想到对岸去！换个新生活！"

　　有一天，他们碰巧见面了，两人商谈一番，并达成换身份的协议，农夫变成和尚，而和尚则变成农夫。

　　当农夫来到和尚的生活环境后，这才发现，和尚的日子一点也不好过，那种敲钟、诵经的工作，看起来很悠闲，事实上却非常烦恼，每个步骤都不能遗漏。更重要的是，僧侣刻板单调的生活非常枯燥乏味，虽然悠闲，却让他觉得无所适从。

　　于是，成为和尚的农夫，每天敲钟、诵经之余都坐在岸边，羡慕地看着在彼岸忙碌工作的其他农夫。

　　至于做了农夫的和尚，重返尘世后，痛苦比农夫还要多，面对俗世的烦忧、辛劳与困惑，他非常怀念当和尚的日子。因而他也和农夫一样，每天坐在岸边，羡慕地看着对岸步履缓慢

的其他和尚，并静静地聆听彼岸传来的诵经声。

这时，在他们的心中，同时响起了另一个声音："回去吧！那里才是真正适合我们的生活！"

感悟

别人永远是别人，你永远是你。不要习惯于羡慕别人，要学会羡慕自己。其实，只有懂得羡慕自己的人，才是真正值得羡慕的人。与其羡慕和嫉妒别人，不如活出真正的你自己来。

当行脚之时行脚，当隐居之时隐居

无德禅师一向在行脚，一天来到佛光禅师处，佛光禅师对他说："你是一位很有名的禅者，可惜为什么不找一个地方隐居呢？"

无德禅师无可奈何地回答："究竟哪里才是我的隐居之处呢？"

佛光禅师道："你虽然是一位很好的长老禅师，可是却连隐居之处都不知道。"

无德禅师说："我骑了三十年马，不料今天竟被驴子摔下来。"

无德禅师在佛光禅师处住下来。一天，有一学僧问道："离开佛教义学，请禅师帮我抉择一下。"

无德禅师告诉他道："如果是那样的人就可以了。"

学僧刚要礼拜，无德禅师说："你问得很好，你问得很好。"

学僧道："我本想请教禅师，可是……"

无德禅师道："我今天不回答。"

学僧问："干净得一尘不染时又如何呢？"

无德禅师答道："我这个地方不留那种客人。"

学僧问:"什么是您禅师的家风?"

无德禅师说:"我不告诉你。"

学僧不满地说:"您为什么不告诉我呢?"

无德禅师也就不客气地答道:"这就是我的家风。"

学僧责问道:"您的家风就是没有一句话吗?"

无德禅师说:"打坐!"

学僧更顶撞道:"街上的乞丐不都在坐着吗?"

无德禅师拿出一个铜钱给学僧。

学僧终于省悟。

无德禅师再见佛光禅师时说道:"当行脚的时候行脚,当隐居的时候隐居,我现在已找到了隐居的地方!"

感悟

禅是随缘随性的,没有什么限制。自古以来的禅僧,有的行脚云水,有的陆沉隐居,有的躲避盛名之累,入山唯恐不深,有的接待十方,等待有缘的传灯之人。究竟怎么做才是禅僧真正的生活行止呢?正如无德禅师说:"当行脚的时候行脚,当隐居的时候隐居。"

命里有时终须有，命里无时莫强求

古代波斯国有一个国王，喜欢在午饭后小睡一会儿，而每次午睡时，他都让两个侍卫守候在自己的床边，以便随时服侍自己。

这一天，他照例又睡午觉了。两个侍卫一个站在床头，一个站在床尾，为他轻轻地摇着扇子。天气有些闷热，国王难以入睡，便闭目养起神来。

不知不觉之中，国王似睡非睡地过了一段时间，便又醒了，但他还不想起床，依旧紧闭着双目。这时，两个守候在床边的侍卫也有些困意，为了不至于打瞌睡，便聊起天来。他们以为国王还在睡眠之中。

侍卫甲问侍卫乙："哎，你说说，你是靠什么活着的？"

侍卫乙回答道："我是靠尊敬的大王活着的，是大王的恩赐给了我一切。"

国王本无意听两个侍卫的对话，但一听到对话中说到了自己，禁不住听了下去。

侍卫乙接着说："那你是靠什么活着的？"

侍卫甲说："我不靠天，不靠地，什么也不靠。"

侍卫乙奇怪地问:"什么也不靠?那怎么活下去呀?"

侍卫甲说:"我的一切只凭自己的命运。命里注定该有的,自然会有;命里注定没有的,争也争不来。"

侍卫乙有些不解,问:"那么什么是命运呢?"

侍卫甲刚要回答,见国王翻了一个身,赶紧把话停住,并示意侍卫乙继续摇着扇子,不要说话。

国王听到了两个侍卫的对话,心想:这个甲侍卫不依靠我的恩赐,只想靠命运,哼,等会儿,让你看看。这个乙侍卫不错,还知道感恩,我得想着多赏赐他才是。想着,想着,他翻了个身,侍卫们不再出声了,他也就不再闭目装睡了。

国王坐起身,待两个侍卫为他整好衣冠,就说:"你们两个退下去吧,有事我再叫你们。"

两个侍卫从国王的寝宫中退了出去。

国王把侍卫丙叫进寝宫,对他说:"你快到王后那儿去,说是我的意思,待会儿要好好地赏赐那个为王后送酒的侍卫,多给他些金币、珍宝和衣物。听明白了吗?"

侍卫丙低头道:"听明白了,臣这就去对王后传大王的话。"

国王说:"很好。"挥挥手叫他下去了。国王站起身,在寝宫里踱着步,边踱边想,侍卫甲呀,侍卫甲,你竟敢说不靠我活着,等王后重赏了侍卫乙以后,看你眼热不眼热。

国王越想越高兴,朝门外呼侍卫乙的名字,把他召来,说:"你把我喝剩下的这半杯酒给王后送去。"

侍卫乙端着那半杯酒,准备给王后送去,心中有些纳闷:国王宫中的酒有千桶万桶,为什么让我把这喝剩的半杯酒送给王后呢?

想着走着，不料，刚一出门，就撞在门外的立柱上了，顿时，鼻血流个不停。他赶快招呼别的侍卫过来，刚巧是侍卫甲。

侍卫乙一边用左手捏住自己的鼻子，制止鼻血继续外流，一边把右手中的半杯酒递给侍卫甲，说："你快把这酒给王后送去，我鼻子碰流血了，去不了了，谢谢你了。"

侍卫甲接过酒杯，说："你快去找医生吧，这酒我马上就送到。"

王后正在宫中等候送酒之人，见侍卫甲送酒来，就笑着说："你来得正好，大王让我赏赐你金币、珍宝和衣物，我已叫人准备好了，你放下酒杯，收好赏物，快到大王那儿去谢恩吧。"

侍卫甲弄不清国王为什么要赏赐自己，但一想：既然命运中注定要得到赏赐，为什么不接受呢？他谢过王后，捧着赏物到国王那里谢恩。

国王一见得赏的是侍卫甲，大为惊异，立即把侍卫乙唤来，问："我命你去给王后送酒，为什么你没有去呢？"

侍卫乙说："启禀大王，并非我不愿去给王后送酒，只是臣刚一走出宫门，不小心碰破了鼻子，血流不止，只好请他替我给王后送酒去了。"

国王听后，叹息不止，连连说："我现在真的明白了，佛语讲得实在有理呀，这可真是'自作其业，自受其报'哇，命运啊，命运，是谁也改变不了的！"

感悟

俗话说：天有不测风云，人有旦夕祸福。命运常常难测，谁也不知道自己会在什么时候走运，什么时候又倒霉。如果整天为了看不见的灾祸忧心忡忡，或是为了不切实际的利益患得患失，那么人生就不会有快乐可言。只有用一颗平常心来对待命运中即将出现的事物，才能达到"不以物喜，不以己悲"的人生境界，从而做一个自由快活的人。

第六篇　保持平常心，一切皆如愿

第七篇
随缘而行，随遇而安

佛说，随缘而行，随遇而安。每个人所见所遇的事情都早有安排，一切都是缘。顺其自然，把握当下，即为随缘而行。不为外界的环境所束缚，处处都可为安身之所，即为随遇而安。随缘而行，随遇而安，才能获得人生的圆满，才能获得大自在。

遇缘则随行，遇居则随安

有一次，云游宣扬佛法的虚空大师迷了路，不知走了多久，才在漆黑的夜空见到一盏灯火。他定睛一看，原来是一户人家，立刻兴奋地奔上前去请求住宿。

"我家又不是旅店！"屋主听到他提出借宿一晚的要求后，立刻板着脸拒绝。

"我只要问你三个问题，就可以证明这屋子就是旅店！"虚空大师笑着说道。

"我不信，倘若你能说服我，我就让你进门。"屋主也爽快地回答。

"在你以前谁住在此处？"

"家父！"

"在令尊之前，又是谁当主人？"

"我祖父！"

"如果阁下过世，它又是谁的呀？"

"我儿子！"

"这就对了！"虚空大师笑道，"你不过是暂时居住在这儿，也像我一样是旅客。"

当晚,他就在屋里舒舒服服地睡了一觉。

感悟

在生活中,明天如何,我们每个人都不知道,连生命在内,没有一样东西是永远属于我们的。我们只是匆匆的过客,所以要好好珍惜现在。想去哪里就去哪里,行到哪里住到哪里,是一种境界,也是人生的一种大自在。

人生无常，随缘即是人生

很久以前，在罗阅祇城有一个婆罗门，他常听说舍卫国人民多孝养父母，信仰佛法，而且善于修道，并供养佛、法、僧三宝。他心中十分向往，便想去舍卫国观光并学修佛法。

有一回，他真的来到了舍卫国。刚好看见有父子二人正在田中耕地、播种。忽然，有一条毒蛇爬到儿子的跟前，竟将他咬死了，然而那父亲不但不管，反而接着干活，连头也不抬。这个婆罗门大觉惊奇，便上前问他原因。

这个农夫反而问道："你是从哪里来的，来到这里干什么啊？"

婆罗门回答说："我从罗阅祇城来，听说你们国家的人都很孝养父母、信奉三宝，所以打算来求学修道。"接着，婆罗门又问道："你儿子被毒蛇咬死，你为什么不但不难过，反倒接着耕地播种？"

农夫就回答说："人之生老病死及世间万物成败荣损，皆为自然规律，忧愁啼哭能有什么用呢？如果伤心得饭也不吃，觉也不睡，什么也不干，那不跟死人一样，活着的意义就不大了！你要进城，路过我家时，请替我捎话给我家人，说儿子已死，不必准备两人的饭菜了。"听了农夫的话，这个婆罗门心里暗想："这个人可真不像话！儿子被蛇咬死，竟然不悲哀，反而还想着吃饭，真没有人情味！"

他沮丧地离开了农田，进了舍卫城。来到农夫的家中，见到农夫的妻子，便说道："你的儿子已经死了，他的父亲让我捎话说，准备一个人的饭就行了。"没想到那妇人听后，却只是说："人生即如住店，随缘而来，随缘而去，我这儿子也是一样啊！生是赤条条来，死亦赤条条去，任何人都不能违反这一规律。"

然后，这个婆罗门又告诉了那死者的妻子，谁知她的回答也是如此。

这个婆罗门非常生气，对那女子说道："你的丈夫已死，你难道一点儿也不痛心吗？"

那女子仍默然不答。

这时，这个婆罗门开始怀疑自己是否走错了国家，他心里暗暗想道："我听说这个国家人民如何慈爱、如何孝顺、如何供奉三宝，所以才想来这儿学习修道，没想到如今碰上这等没有人情味的人。这种人怎配信佛修道呢？"他百思不得其解，决定去请教伟大的佛陀。这个婆罗门来到佛所，向佛顶礼，退坐一边，一脸的愁云。

佛陀早已明白他的来意，故意问他："你为什么一脸忧愁啊？"

婆罗门就回答说："遇事不合我的想法，故而忧愁。"

佛陀又问："遇上何事不合你所想呢？"于是他就如实向佛陀禀告了他路上的所见所闻。

佛陀说道："善男子，这些人是真正明白人生事理的啊！他们知道人生无常，伤心悲哀无济于事，故能正视世间及人生的自然规律，也就没有忧愁！尘世之人不明白生死无常的道理，互相贪恋，等到突发事件一来，即懊恼、痛苦，甚至痛不欲生，无以自制。正如人得了热病，恍恍惚惚，胡说八道，只有经过良医诊治下药后，热退病愈，才不会再说胡话了。"

婆罗门听完佛陀的开示，即自责道："我真愚痴，不明佛法大义，现在一经佛陀开示，如黑暗中见到光明，即刻恍然大悟啊！"于是他皈依佛法，并受持五戒，精进而修持处世之法。

感悟

佛家讲生命无常，放下执著，万事随缘。我们常常认为生命就是追求，事业就是拼搏，执著才是成功之道。而事实上，执著和追求是需要毅力，但放下执著，放弃追求更需要毅力。虽然有缘无缘可能全在一念之间，但是能真正做到随缘而行，随遇而安，却需要不断地修炼。只有懂得了随缘，才能真正懂得了人生。

不提过去，不问将来

　　从前，有个年轻英俊的国王，他既有权势，又很富有，但却为两个问题所困扰：我一生中最重要的时光是什么时候呢？我一生中最重要的人是谁？

　　他对全世界的哲学家宣布，凡是能圆满地回答出这两个问题的人，将分享他的财富。哲学家们从世界各地赶来了，但他们的答案却没有一个能让国王满意。

　　这时有人告诉国王说，在很远的山里住着一位非常有智慧的高僧。国王马上就出发了。国王到达高僧居住的山脚下，装扮成一个农民。他来到高僧住的简陋的小屋前，发现高僧盘腿坐在地上，正在挖着什么。

　　"听说你是个有智慧的高僧，能回答所有问题，"国王说，"你能告诉我谁是我生命中最重要的人？何时是最重要的时刻吗？"

　　"帮我挖点土豆，"高僧说，"把它们拿到河边洗干净。我烧些水，你可以和我一起喝一点汤。"

　　国王以为这是高僧对他的考验，就照他说的做了。他和高僧一起呆了几天，希望他的问题能得到解答，但高僧却没有回答。

最后,国王对自己和这个人一起浪费了好几天时间感到非常气愤。他拿出自己的国王印玺,表明了自己的身份,宣布高僧是个骗子。

高僧说:"我们第一天相遇时,我就回答了你的问题,但你没明白我的答案。"

"你的意思是什么呢?"国王问。

"你来的时候我向你表示欢迎,让你住在我家里。"高僧接着说,"要知道过去的已经过去,将来的还未来临——你生命中最重要的时刻就是现在,你生命中最重要的人就是现在和你呆在一起的人,因为正是他和你分享并体验着生活啊。"

感悟

过去的已经过去,将来的还未来临。世间最可贵的就是现在,最易丧失的也是现在。珍惜现在要比向往未来重要得多,也实际得多。往者不可谏,来者犹可追。如果每天都能做好该做的事,人生也就能无怨无悔了。

随缘来去，活在当下

从前，有一位将军，一直困惑于三个问题，于是装扮成一个平民，自行上山去找禅师以求得开解。

当将军找到禅师的时候，这位禅师正在菜园里挖地，于是将军道："我有三个问题请禅师开导，一是做事最好的时间是什么时候？二是共事的最重要的人是谁？三是在每个时间要做的最重要的事情是什么？"禅师没有回答，只是继续挖地。将军见其年老瘦弱，便接过锄头替他挖地，说："如禅师无以回答，请告诉，我好返回。"

正在此时，一个受重伤的人闯入，将军便为他包扎好，让其卧于草棚。次日，此人醒来不知身在何处，看到将军便请求原谅。将军疑惑地问他缘由。

此人道："在一次战争中，您杀我兄，夺我财，我便立誓要杀您。得知将军自行上山，于是便埋伏于途中，不料被您的手下所伤。本想必会丧命，如今得您的解救，我愿余生成为您的仆人。"将军没有想到这件事让他与一个多年来的宿敌的恩怨就这样化解了。

将军在离开之前又重复问了禅师那三个问题，禅师道："我已经解答了。"将军疑惑。

禅师解释道:"昨日你如果没有怜悯我替我锄地,你必返回,在路上难免遭到此人的袭击,所以,挖地之时是你最重要的时间;昨日如果你没有救此人,他便会丧命,就不能与他和好,因此,他就是你最重要的人;而最重要的事是你照看他。记住,最重要的时间莫过于当下,它是唯一能支配的;最重要的人便是当下与你在一起的人;而最重要的事就是使你身边的人快乐。这便是生活的追求。"

将军听后顿时大悟,与那个人欣然下山。

感悟

该发生的事情,一定会在某个时候某个地方发生,谁也无法阻挡。我们唯有活在当下,才能把握自己,才能不被世事所束缚。佛说,随缘来去,活在当下,你才是你自己。

只要心中有佛，你就是佛

一天，一个年轻人去拜见禅宗六祖慧能大师，慧能问道："你从哪里来？"

年轻人恭敬地说："从不远的地方来。"

慧能心想："这么小的年纪就有如此造化，真是难得！"

于是又问道："你的生命在哪里？"

年轻人答道："生命？我早就忘记了！"

慧能十分欣喜，召唤少年向前近来："好好说，你府上是哪里？"

"浙中。"

"来拜见我是为了什么事？"

年轻人说："世间均是垃圾，无处容身，请师父收我为徒。"

慧能为了考验他出家的决心，笑着说："不要出家！"

年轻人坚定地说："不要不出家！"

后来，这个年轻人继承了六祖的禅风。他就是著名的南阳慧忠禅师。

慧忠禅师在河南的深山里苦修了四十年，与世人隔绝，没有任何烦恼与欲念，终于见到了清明的世界。

有个僧人问他:"怎样可以成佛?"

南阳慧忠微笑:"放下,忘掉。"

"怎样才能物我两忘?"

"超越一切,无欲无求!"

"佛是什么?"

慧能扬眉大笑:"佛就是你的一举一动、一言一行、一想一念,你就是佛。"

感悟

我们在谈到佛理的时候,常常觉得佛学的思想、理念离我们都很遥远,是我们很难触及到的东西。实际上如果我们真的想走近它的时候,就能发现它已经存在于我们身边,存在于我们周围的空气中了。只要你心中有佛,你就是佛。

只要佛心在，处处皆是寺庙

在一座寺庙中，有一名香客问一个整日呆在寺庙中诵经的小和尚："天天呆在这里念经诵佛不枯燥吗？难道你不愿意看看外面的世界吗？"

"为什么呢？"刚刚皈依佛门的小和尚不解地问。

"外面的世界多好啊！宽敞明亮，要什么有什么，不愁吃喝，你何必在这里做苦行僧呢。"

"可我现在也很好啊。我每天一心向佛，佛祖赐我屋檐遮挡风雨，风不吹头雨不打脸，还可以天天和师父交流得道的乐趣。"

"可是你自由吗？"

"……"小和尚沉默了。

于是，过客把小和尚带到了外面的世界。安排在了一处豪华奢靡的人家。

一年后，过客突然想起了小和尚，便去看他。

他问小和尚："啊，我的佛祖，你过得还好吗？"

小和尚答道："我佛慈悲，我过得还好。"

"那好，你能说说在这个精彩的世界里的感受吗？"过客很真诚地问。

小和尚长叹一声,说:"唉,这里什么都好,只是这寺庙太大了,我每天早上一醒来就看见满院子的佛光普照,比起我以前的那个小寺庙好多了。"

说话间,小和尚已然入定。

感悟

无论身处怎样的环境,只要佛心在,处处皆是寺庙。修行是如此,做事也是如此。无论做什么事,心中一定要有坚定的信念,只要信念不动摇,持之以恒地坚持下去,终究会有成功的一天。

尘缘难了，难了尘缘

很久以前，有一座寺院叫圆心寺，庙里有个得道高僧，叫了空。他十六岁时离开父母出家修行，距今已经有近百年了。

了空大师自出家以来，每日里，青灯黄卷，早诵晚唱，晨钟暮鼓，香熏经洗，自感沾山水之灵气，吸佛道之精华，已经六根清净，六尘不染，了却了一切尘缘。因德高望重，令人高山仰止，一时间圆心寺香客不断，来参禅解悟的也络绎不绝。了空大师知道，以自己的修行，死后是可以成佛的。

有一天，寺里来了一个青年，想了却尘缘，皈依佛门，在这里寻一份清静，找一方净土。就跪在了空大师面前，说："师父，请收下我做您的徒弟吧。"了空大师看了看他，说："你真的能了却尘缘吗？"青年肯定地点点头。

了空大师不相信眼前这个青年能了却尘缘，一心向佛。于是，了空大师拿出一个早已蒙尘的铜镜，递给青年，说："佛门净地，纤尘不染。既入空门，尘缘必了。镜如尔心，若能擦净，再来。"

青年拿起铜镜跪别而去。回到家，净了身，燃了香，心无杂念，虔诚地拿起铜镜擦了起来。上面的浮尘轻轻一擦就掉了。

然而，有几个黑色的印痕却怎么也擦不掉。

于是青年拿出一块磨石，打磨了起来，就这样起早贪黑打磨了半个月，铜镜终于光鉴照人。青年拿着铜镜又来见了空大师。了空大师看了看，摇摇头。青年不解，问了空大师："难道铜镜还没有擦净？"了空大师微微笑道："你再用心地看看。"

青年拿起铜镜，看了又看，终于看见了一道印痕。这道印痕若隐若现，丝线般在光亮的镜子上。青年脸红了一下，接过镜子走了。

青年回到家里，依然孜孜不倦地磨那个镜子，无论春夏秋冬，从来没有停息过，因为他的心早已断绝红尘皈依了佛门。他仿佛看见，在开满莲花的佛桌前了空大师正在为自己剃度，自己将来就是佛前的一支莲，哪怕是佛前的一炷香，燃尽自己也是幸福的啊。一缕佛光燃亮了希望，一盏心灯照亮着行程。为了心中的希望，青年的手早已磨出了厚厚的老茧，腰也坐的如弓一般难以直起。

直到那个铜镜被磨得薄如蝉翼，那个痕印还是没有被磨去。青年不知道这印痕有多深，拿起镜子反过来一看，发现那个印痕已经透到了镜子后面。青年绝望了，他知道，镜子上的印痕无论如何也磨不掉了。他想，一定是了空大师以为自己没有诚心，难绝尘缘，才弄了这么一个镜子暗示自己。青年感到佛光消失了，心里的那盏灯也熄灭了，眼前一片黑暗。不禁仰天长叹：佛啊，看来我今生是与你无缘了。

了空大师正在打坐参禅，忽然感觉到眼前出现了两朵莲花，一朵含苞待放，没有盛开就凋落了；一朵看似清净的莲上，却沾上了一点污泥。了空大师大吃一惊，想起了那个来拜师的青年。忙派人下山去找。然而，那个青年已经悬梁自尽了。

了空大师懊悔不已，忽然感到自己的生命之灯到了油尽灯枯的时候。了空大师圆寂时，在生命的最后时刻，最先出现在他脑海里的不是佛祖，而是他的父母。

了空大师心里长叹："看来自己也是难了尘缘，近百年的修行仍难成正果，更何况那个青年啊！"

感悟

谁能把前尘过往擦得不留一丝痕迹呢？谁能真正了却尘缘呢？尘缘难了，难了尘缘。若一味地执著于了却尘缘，则必然会深陷其中。保持一颗平常心，慈悲为怀，本就已经结下佛缘了。

前世 500 次的回眸，换得今生一次的擦肩而过

从前，有个年轻貌美的大家闺秀，琴棋书画无一不精，女红手艺更是扬名整个江南水乡。随着年龄的增长，络绎不绝的媒婆都快把她家的门槛给踩烂了，但她一直不想就这样把自己嫁了，因为她觉得还没见到她真正想要嫁的那个男人。

直到有一天，她去一个庙会散心，在万千拥挤的人群中，看见了一个年轻的男人，不用多说什么，反正女孩觉得那个男人就是她苦苦等待的结果了。可惜，庙会太挤了，她无法走到那个男人的身边，就这样眼睁睁地看着那个男人消失在人群中。

后来的两年里，女孩四处去寻找那个男人，但这人就像蒸发了一样，无影无踪。女孩每天都向佛祖祈祷，希望能再见到那个男人。

她的诚心打动了佛祖，佛祖显灵了。

佛祖："你想再看到那个男人吗？"

女孩："是的！我只想再看他一眼！"

佛祖："那你要放弃你现在的一切，包括爱你的家人和幸福的生活。"

女孩："我能放弃！"

佛祖："你还必须修炼五百年道行，才能见他一面。你不后悔么？"

女孩："我不后悔！"

女孩变成了一块大石头，躺在荒郊野外，四百多年的风吹日晒，苦不堪言，但女孩都觉得没什么，难受的是这四百多年都没看到一个人，看不见一点点希望，这让她都快崩溃了。最后一年，一个采石队来了，看中了她的巨大，把她凿成一块巨大的条石，运进了城里，他们正在建一座石桥，于是，女孩变成了石桥的护栏。

就在石桥建成的第一天，女孩就看见了，那个她等了五百年的男人！他行色匆匆，像有什么急事，很快地从石桥的正中走过了，当然，他不会发觉有一块石头正目不转睛地望着他。男人又一次消失了⋯⋯

再次出现的是佛祖。

佛祖："你满意了吗？"

女孩："不！为什么？为什么我只是桥的护栏？如果我被铺在桥的正中，我就能碰到他了，我就能摸他一下！"

佛祖："你想摸他一下？那你还得修炼五百年！"

女孩："我愿意！"

佛祖："你吃了这么多苦，不后悔？"

女孩："不后悔！"

女孩变成了一棵大树，立在一条人来人往的官道上，这里每天都有很多人经过，女孩每天都在近处观望，但这更难受，因为无数次满怀希望地看见一个人走来，又无数次希望破灭。

不是有前五百年的修炼，相信女孩早就崩溃了！日子一天天的过去，女孩的心逐渐平静了，她知道，不到最后一天，他是不会出现的。

又是一个五百年啊！最后一天，女孩知道他会来了，但她的心中竟然不再激动。

来了！他来了！他还是穿着他最喜欢的白色长衫，脸还是那么俊美，女孩痴痴地望着他。这一次，他没有急匆匆地走过，因为，天太热了。他注意到路边有一棵大树，那浓密的树阴很诱人，休息一下吧，他这样想。他走到大树脚下，倚着树根，微微地闭上了双眼，他睡着了。女孩摸到他了！他就靠在她的身边！但是，她无法告诉他，这千年的相思。她只有尽力把树阴聚集起来，为他挡住毒辣的阳光。

千年的柔情啊！

男人只是小睡了一刻，因为他还有事要办，他站起身来，拍拍长衫上的灰尘，在动身的前一刻，他抬头看了看这棵大树，又轻轻地抚摸了一下树干，大概是为了感谢大树为他带来清凉吧。然后，他头也不回地走了！

就在他消失在她的视线的那一刻，佛祖又出现了。

佛祖："你是不是还想做他的妻子？那你还得修炼……"

女孩平静地打断了佛祖的话："我是很想，但是不必了。"

佛祖："哦？"

女孩："这样已经很好了，爱他，并不一定要做他的妻子。"

佛祖："哦！"

女孩："他现在的妻子也像我这样受过苦吗？"

佛祖微微地点点头。

女孩微微一笑："我也能做到的，但是不必了。"

就在这一刻，女孩发现佛祖微微地叹了一口气，或者是说，佛祖轻轻地松了一口气。女孩有几分诧异："佛祖也有心事么？"

佛祖的脸上绽开了一个笑容："因为这样很好，有个男孩可以少等一千年了，他为了能够看你一眼，已经修炼了两千年。"

佛说："前世五百次的回眸，才换来今生的一次擦肩而过啊！"

感悟

前世的约定，今生的痴等，茫茫人海走到一起，就是天大的缘分。当缘来时，就用真心去惜缘，当缘散时，挥挥手，不必刻意去挽留。

不要追悔过去，也不要奢求未来

  从前，有一座园音寺，每天都有许多的人上香拜佛，香火很旺。在园音寺庙前的横梁上有个蜘蛛结了张网，由于每天都受到香火和虔诚的祭拜的熏陶，蜘蛛便有了佛性。经过了一千多年的修炼，蜘蛛佛性增加了不少。

  忽然有一天，佛祖光临园音寺，看见这里香火甚旺，十分高兴。离开寺庙的时候，不经意间抬头，看见了横梁上的蜘蛛。佛祖停下来，问这只蜘蛛："你我相见总算是有缘，我来问你几个问题，看你修炼了这一千多年来，有什么真知灼见，怎么样？"蜘蛛遇见佛祖很是高兴，连忙答应了。佛祖问道："世间什么才是最珍贵的？"蜘蛛想了想，回答道："世间最珍贵的是'得不到'和'已失去'。"佛祖点了点头，离开了。

  就这样又过了一千年的光景，蜘蛛依旧在园音寺的横梁上修炼。一日，佛祖又来到寺前，对蜘蛛说道："你可还好，一千年前的那个问题，你可有什么更深的认识吗？"蜘蛛说："我觉得世间最珍贵的是'得不到'和'已失去'。"佛祖说："你再好好想想，我会再来找你的。"

  又过了一千年，有一天，刮起了大风，风将一滴甘露吹到了蜘蛛网上。蜘蛛望着甘露，见它晶莹透亮，很漂亮，顿生喜爱之意。蜘蛛每天看着甘露很开心，它觉得这是三千年来最开心的几天。突然，又刮起了一阵风，将甘露吹走了。蜘蛛一下子觉得失去了什么，感到很寂寞和难过。这时佛祖又来了，问蜘蛛："这一千年，你可好好想过这个问题：世间什么才是最珍贵的？"蜘蛛想到了甘露，对佛祖说："世间最珍贵的还是'得不到'和'已失去'。"佛祖说："好，既然你这样认为，我让你到人间走一遭吧"

就这样，蜘蛛投胎到了一个官宦家庭，成了一个富家小姐，父母为她取了个名字蛛儿。一晃，蛛儿到了十六岁了，已经成了个婀娜多姿的少女，长得十分漂亮，楚楚动人。

这一日，皇帝在后花园为新科状元郎甘鹿举行庆功宴席。来了许多妙龄少女，包括蛛儿，还有皇帝的小公主长风公主。状元郎在席间表演诗词歌赋，大献才艺，在场的少女无一不被他倾倒。但蛛儿一点也不紧张和吃醋，因为她知道，这是佛祖赐予她的姻缘。

过了些日子，说来很巧，蛛儿陪同母亲上香拜佛的时候，正好甘鹿也陪同母亲而来。上完香拜过佛，二位长者在一边说上了话。蛛儿很开心，终于可以和喜欢的人在一起了，但是甘鹿并没有表现出对她的喜爱。蛛儿对甘鹿说："你难道不曾记得十六年前，园音寺的蜘蛛网上的事情了吗？"甘鹿很诧异，说："蛛儿姑娘，你漂亮，也很讨人喜欢，但你想象力未免丰富了一点吧。"说吧，和母亲离开了。

蛛儿回到家，心想，佛祖既然安排了这场姻缘，为何不让他记得那件事，甘鹿为何对我没有一点的感觉？

几天后，皇帝下诏，命新科状元甘鹿和长风公主完婚，蛛儿和太子芝草完婚。这一消息对蛛儿如同晴空霹雳，她怎么也想不通，佛祖竟然这样对她。几日来，她不吃不喝，灵魂就将出壳，生命危在旦夕。太子芝草知道了，急忙赶来，扑倒在床边，对奄奄一息的蛛儿说道："那日，在后花园众姑娘中，我对你一见钟情，我苦求父皇，他才答应。如果你死了，那么我也就不活了。"说着就拿起了宝剑准备自刎。

就在这时，佛祖来了，他对快要出壳的蛛儿灵魂说："蜘蛛，你可曾想过，甘露（甘鹿）是由谁带到你这里来的呢？是风（长风公主）带来的，最后也是风将它带走的。甘鹿是属于长风公主的，他对你不过是生命中的一段插曲。而太子芝草是当年园音寺门前的一颗小草，他看了你三千年，爱慕了你三千年，但你却从没有低下头看过它。蜘蛛，我再来问你，世间什么才是最珍贵的？"蜘蛛听了这些真相之后，好像顿时大彻大悟了，她对佛祖说："世间最珍贵的不是'得不到'和'已失去'，而是现在能把握的幸福。"刚说完，佛祖就离开了，蛛儿的灵魂也回位了，睁开眼睛，看到正要自刎的太子芝草，她马上打落宝剑，和太子深深的拥抱。

感悟

昨天不过是历史，明天只是幻影，所以我们要竭尽全力地生活在今天。不追悔过去，也不奢求未来，世界上最珍贵的不是"得不到"和"已失去"，而是拥有现在的幸福。

人与人之间，是聚是散都应随缘

从前有个书生，和未婚妻约好在某年某月某日结婚。到那一天，未婚妻却嫁给了别人。书生受此打击，一病不起。家人用尽各种办法都无能为力，眼看书生奄奄一息。

这时，一游方僧人路过此地，得知情况，决定点化一下他。僧人到他床前，从怀里摸出一面镜子叫书生看。

书生看到茫茫大海，一名遇害的女子一丝不挂地躺在海滩上。

路过一人，看一眼，摇摇头，走了……

又路过一人，将衣服脱下，给女尸盖上，走了……

再路过一人，过去，挖个坑，小心翼翼把尸体掩埋了……

疑惑间，画面切换，书生看到自己的未婚妻。洞房花烛，被她丈夫掀起盖头的瞬间……

书生不明所以。

僧人解释道：那具海滩上的女尸，就是你未婚妻的前世，你是第二个路过的人，曾给过她一件衣服。她今生和你相恋，只为还你一个情。但是她最终要报答一生一世的人，是最后那个把她掩埋的人，那人就是他现在的丈夫。

书生大悟，病很快痊愈了！

感悟

什么是缘分？没人能说清。如果你相信缘分的存在，就应该明白，缘分这东西不可强求，该是你的，早晚是你的；不该是你的，怎么努力也得不到。人与人之间，是聚是散都应随缘。

第七篇　随缘而行，随遇而安

失恋只是失去了一个人，并没有失去爱

一个非常有名的禅师，晚饭后去郊外散步，遇见一个放声大哭的年轻人。

禅师问年轻人："你为何如此伤心？"

小伙子答道："我失恋了。"

禅师闻听连连抚掌大笑道："糊涂呀糊涂。"

失恋者停住哭，气愤地质问："我都失恋了，你为什么还如此取笑我？"

禅师摇头道："不是我取笑你，而是你自己在取笑自己啊。"

见失恋者不解，禅师接着说："你如此伤心，可见你心中还是有爱的；既然你心中有爱，那对方就必定无爱，不然你们又何必分手？而爱在你这边，你并没有失去爱，只不过失去一个不爱你的人，这又有何伤心呢？我看你还是回家去睡觉吧。该哭的应是那个人，她不仅失去了你，还失去了心中的爱，多可悲啊！"

失恋者听罢破涕为笑，笑自己对这么浅显的道理怎么都没看透，于是向禅师鞠了一个躬，转身离去。

感悟

在爱情的道路上，每个人都不可能一帆风顺，有时会遭遇失恋。失恋了，不应该过于悲伤，因为，失恋只不过是失去一个人而已，只要心中有爱，就没有失去爱。

第七篇　随缘而行，随遇而安

珍惜现在的感情才是真爱

深夜，寺里一人一佛，佛坐人站。

人：圣明的佛，我是一个已婚之人，我现在狂热地爱上了另一个女人，我真的不知道该怎么办。

佛：你能确定你现在爱上的这个女人就是你生命里唯一的最后一个女人吗？

人：是的。

佛：你离婚，然后娶她。

人：可是我现在的爱人温柔，善良，贤惠，我这样做是否有点残忍，有点不道德。

佛：在婚姻中没有爱才是残忍和不道德的，你现在爱上了别人，已不爱她了，你这样做是正确的。

人：可是我爱人很爱我，真的很爱我。

佛：那她就是幸福的。

人：我要与她离婚后另娶他人，她应该是很痛苦的，又怎么会是幸福的呢？

佛：在婚姻里她还拥有对你的爱，而你在婚姻中已失去对她的爱，因为你爱上了别人，正所谓拥有的就是幸福的，失去的才是痛苦的，所以痛苦的人是你。

人：可是我要和她离婚后另娶他人，应该是她失去了我，她应该才是痛苦的。

佛：你错了，你只是她婚姻中真爱的一个具体，当你这个具体不存在的时候，她的真爱会延续到另一个具体，因为她在婚姻中的真爱从没有失去过。所以她才是幸福的，而你才是痛苦的。

人：她说过今生只爱我一个，她不会爱上别人的。

佛：这样的话你也说过吗？

人：我……我……我……

佛：你现在看你面前香炉里的三根蜡烛，哪根最亮。

人：我真的不知道，好像都是一样的亮。

佛：这三根蜡烛就好比是三个女人，其中一根就是你现在所爱的那个女人，芸芸众生，女人何止千百万，你连这三根蜡烛哪根最亮都不知道，都不能把你现在爱的人找出来，你为什么又能确定你现在爱的这个女人就是你生命里唯一的最后一个女人呢？

人：我……我……我……

佛：你现在拿一根蜡烛放在你的眼前，用心看看哪根最亮。

人：当然是眼前的这根最亮。

佛：你现在把它放回原处，再看看哪根最亮。

人：我真的还是看不出哪根最亮。

佛：其实你刚拿的那根蜡烛就好比是你现在爱的那个最后的女人，所谓爱由心生，当你感觉你爱她时，你用心去看就觉得它最亮，当你把它放回原处，你却找不到最亮的一点感觉，你这种所谓的最后的唯一的爱只是镜花水月，到头来终究是一场空。

人：哦，我懂了，你并不是要我与我的爱人离婚，你是在点化我。

佛：看破不说破，你去吧。

人：我现在真的知道我爱的是谁了，她就是我现在的爱人。

佛：阿弥陀佛，阿弥陀佛。

感悟

在情感与理智之间该如何决断？在忠贞与背叛之间该如何取舍？没有标准答案，唯一的答案只在自己心中。什么是真爱？珍惜现在的感情，珍惜现在的爱人，就是真爱。